讀史論人生

張建雄 著

商務印書館

讀史論人生

作　　者：張建雄

責任編輯：徐昕宇

封面設計：涂　慧

出　　版：商務印書館(香港)有限公司

　　　　　香港筲箕灣耀興道 3 號東滙廣場 8 樓

　　　　　http://www.commercialpress.com.hk

發　　行：香港聯合書刊物流有限公司

　　　　　香港新界大埔汀麗路 36 號中華商務印刷大廈 3 字樓

印　　刷：中華商務彩色印刷有限公司

　　　　　香港新界大埔汀麗路 36 號中華商務印刷大廈

版　　次：2017 年 3 月第 1 版第 1 次印刷

目　錄

序 ii

1 錢穆論人生和歷史 1

2 人生路向和素養 37

3 歷代青年和教育 79

4 近代人物的見解 107

5 歷史的殘酷和公正 129

6 歷代君王的功過和命運 149

7 美國的另類思維 173

結語 189

序

這本書的靈感，來自一封 2009 年給兩個兒子的信。這封信其實是應招商銀行的《財商雜誌》所寫的。這時候兩個兒子早已成年，並已成家，只欠還未當上父親，我的角色亦從"為父"、"為師"轉到"為友"的階段。我亦脫離了金融界足足七年，在上海置了一個家。每年只在城市大學開講時，才回香港短住。生活亦由"絢爛"轉為"我行我素"，只見想見的人，只說想說的事，是退休人士的專利。周遊列國，看盡人世滄桑。互聯網的急劇發展，2008 年的華爾街金融大災難，令人感慨萬千。能給兒子的意見（不敢說忠告），是"聚福緣"——"受得富貴，耐得貧賤"，"受得成功，耐得失敗"。如何發展，確也是看他們的福與緣。

不知不覺間，已退休 14 年，在上海體驗了中國的"野蠻生長"多年，看着樓價上升和人民幣升值，亦成為"既得利益"的一群。也不必玩甚麼投資，選擇對了地點就夠了。真的有"發達秘方"，誰會公諸於眾？這是常識。所以人生無外乎"命與運"的陰陽互動，歷史上的例子比比皆是。這十四年來，讀當代"四大歷史名家"呂思勉、陳寅恪、錢穆、陳垣的書，沒有白讀。將所得公諸同好，亦是理所當然。《信報》"毋枉管"專欄的讀者應有所得。但集之為書，有系統地讀，也不是人人都做得到。歷史是殘酷而公正的，歷代君主大多數是"有命無運"，有貢獻的極少，為害的卻不少，本書舉了不少例子。

過去 150 年，是中國的亂世，只有最近三十年為小安。我們的前輩又怎麼看？最精彩的是牟宗三《六十年來中國青年精神之發展》的文章，筆者不厭其煩，替老師續了六十年，直到 2016 年。看來青年期仍是一個"能破不能立"的局面，這是一個教育的大問題。教育本應是教育社會而不是社會反過來教育如何教育。西方的"寬鬆教育"、"快樂教育"與"虎媽教育"孰優孰劣，值得討論。本書包括一些美國人的另類意見，看看能不能東西方互補，亦是本書的目的之一。

　　筆者在本書編輯後，再給兩個兒子一封信，闡釋"天命"和"運程"的道理，與坊間的迷信無關，人生就是確定自己是甚麼"命"，準備好自己，得"運程"一到，乘機而起。又知道及時下車，能過一些平淡而從容的生活，等待下一個"運"，不必急躁。當然，知道"天命"，而能"天人合一"，那就是最幸福。這個過程不假外求，不是算命就得。

　　是為序。

張建雄

1 錢穆論人生和歷史

"士之使命" 的現代化

1955 年錢穆在日本東京大學演講，主要是講中國社會的傳統觀念和 "士" 的使命，其內容在《國史大綱》中都有提及，本文意在將其融會貫通，只怕力有未逮。首先，中國傳統觀念，是希望 "以學術來領導政治，再由政治來支配經濟"，從創造一個合理的，以達到完美的人生為目的的社會。這基本上就是幾千年來的 "中國夢"，但弊端是 "安而不強，足而不富"，近世遇上 "強而不安，富而不足" 的西方社會，乃有 "巨獅不醒" 的痛苦。而中國社會自秦統一全國之後，就是 "士人政府" 在管理，所以 "士" 沒有當好自己的使命是主因。若說 "士" 之上還有一個皇帝，2015 年正是中國最後一個皇帝袁世凱稱帝百年之年，將錢穆 60 年前寫的文章和《國史大綱》並讀，並未過時。

四民之首 —— 士，所謂 "士"，是 "士農工商"，是四民之首，錢穆說是 "中國社會所獨有"，西方人不易明白，其定義有七個 "非"："非貴族，非軍人，非官僚，非富豪，非宗教信徒，非專門學者，亦非一般庶民"。只是 "讀書識字"，不是 "士"，要 "讀書明理" 才合格。所謂 "士"，是 "一群立志達道的人"，最具代表性者是北宋的范仲淹，他創 "秀才教"，"以天下為己任"，"先天下之憂而憂，後天下之樂而樂"，此乃士之性格。其他特性亦可見諸通行於世的名句，如 "士不可以不弘毅，任重而道遠"；"士可殺，不可辱"；"士為知己者死"；"士別三日，刮目相看"……，最怕 "士無鬥志"，這是清末為甚了。

《論語》"子路" 篇亦兩次討論了 "士"，第一次是子貢問 "士"，孔子說："行己有恥，使於四方，不辱君命，可謂士矣"；等而下之是 "宗族稱孝，鄉黨稱弟"，"言必信，行必果"；"市井之人，不復可為士"是朱熹的註解，所以士的要求也很高的。這段對話最後一問，是問孔子對魯國執政者"三桓"的意見，"今之從政者，何如？"孔子説："噫！斗筲之人，何足算也！"在孔子眼裏，"士"的要求蠻高的。另一條是子路問"士"，孔子説："切切偲偲，怡怡如也，可謂士矣。朋友切切偲偲，兄弟怡怡"。這是故意補子路性格之不足，切切誠懇，偲偲詳勉，怡怡和顏，都是子路平日做不到的事，孔門弟子去當"士"，也有不足之處也！朱熹註解："兄弟有賊恩之禍，朋友有善柔之損。"

研究中國歷史可以從研究士入手，士如何產生和士有何地位？士如何滲入政權，掌握政權？都可以從《國史大綱》中找出來。錢穆將中國歷史分為五期，其實加上現代社會，可以是六期，它們分別是，（一）封建社會；（二）遊士社會；（三）郎吏社會；（四）門第社會；（五）科舉社會；（六）現代社會。這六個階段，士的使命如何，在國家在社會的真責任和真地位如何，正直接影響國家的盛衰，比古代皇帝更甚！

下文是每一個階段，加以説明：

一是封建社會，由西周至春秋（公元前 11 世紀至公元前 476 年）。中國封建乃西周王室完成其統一大業之後所產生的政治制度，係由上而下，和西方的由下而上，是兩回事；而中國封建的崩潰，乃因平民社會中產生大批自由學者而發生的。春秋時代共 242 年，是古代貴族文化發展到最高點的時代，錢穆稱之為"一種極優美、極高尚、極細膩雅致的時代"，但貴族階級的崩潰，平民階級的崛興，是貴族文化醞釀的應有後果。中國學術之黃金時代，是沿襲春秋貴族的舊生計，"精神命脈，一氣相通"。我們熟悉的先秦諸子，是這時代的代表，孔子、墨子的政治生命欠佳，但他們的弟子都是當時的士，子貢、子路、子夏莫不可有其地位。諸子百家爭鳴，但貴族仍為主導，"晉有叔向、齊有晏嬰、鄭有子產、宋有向戌"，都是當時之士。

　　二是遊士社會，即戰國時代（公元前 475 年至前 221 年，共 246 年）。戰國新興平民學，不是推翻貴族學，只是"異樣翻新、遷地為良"，此乃"中國文化一脈相承之淵博大處"。這期間出現的孟子一樣不得意，成功登位是商鞅變法，後有蘇秦、公孫衍、張儀，還有魏文侯用子夏、田子方、段干木，齊國更有稷下制度，大量養士。戰國中期，貴族與遊士在社會上地位倒轉，根據《國史大綱》，此期的遊士可分五派：（一）勞作派的許行、陳仲；（二）不仕派的田駢、淳于髡；（三）祿仕派的公孫衍、張儀；（四）義仕派的孟軻，儒家正宗；（五）退隱派的莊周。這五派的平民學者的聲氣和地位，超於春秋的孔子、墨子之上。到戰國末年，學者思想反遊士、反文學，出現了老子、荀子和韓非子三派理論，而荀子理論，直接影響了兩漢，主張"以聖王為師，以王制為是非之封界，主定學術於一尊。"平民取代貴族，為漢代平民當皇帝，開了先路。

　　三是郎吏社會，兩漢（公元前 206 年至公元 220 年，共 426 年）。兩漢以學校為中心，"學術"和"吏治"成為社會秩序的核心，漢文帝時出現賈誼，"陳政事疏"、"揚文教，移風俗"。漢武帝時重用了董仲舒，有"天人三策"，黜百家，立五經博士。此輩對政治發生重大影響，乃起"學術"指導"政治"的先聲，從此士人參政，"公卿朝士，名儒輩出"。

　　漢代歷朝，為相者皆一時大儒，不過今人已不復知王吉、貢禹等大名而已。兩漢定制，凡進入國立大學中的優秀青年可以分派到中央政府為"郎"，成績較次者，則派遣到其所從來的地方為"吏"。郎是中央皇室的侍衛集團，吏則是隸屬於各行政首長下的公務人員，在吏之中，成績卓越者，仍可提拔至中央為郎。兩漢不同處，是西漢社會是流動的，而到東漢末，出現了世家大族。但東漢初年，光武帝本身是太學生，他的同學鄧禹和手下寇恂、馮異、馬援、賈復、耿弇等人，大半都是通儒，朝廷對儒學的極度提倡，較之西漢遠過。

　　博士弟子漢武帝時僅 50 人，到王莽時，博士弟子 18000 人，士階層的大盛可見。太學生群聚京師，乃有清議。此輩太學生與朝廷大臣聲氣相通，"其言論意氣"，往往足以影響實際政治的推移。清議之外，又有門第，累世公卿出現，楊彪一族，四世三公，袁紹一族，四世五公，東漢士族重私人和家庭道德，但救不了王室傾覆。

　　四是門第社會，魏晉南北朝（公元 220 年至 589 年，共 369 年）。漢末群雄基本上是當時著名士族中人，袁紹、公孫瓚、劉表、劉焉、袁術，甚至諸葛亮亦是名士，但沒有人要一個統一的國家，大家離心離德，中國只有沒落。曹魏、司馬晉政權，腐化黑暗、不光明、不穩定，出現了竹林七賢等名士，無助政權穩定，乃有胡人南下，文化中心長安洛陽俱毀，復興要等 200 年後的元魏孝文帝這位鮮卑皇帝重建洛陽。

　　此前北方大族，紛紛南渡，王敦、王導助司馬家建立政權，乃有"王與馬，共天下。"南方門第，以王、謝、朱、張四家為盛，北方則因元魏統一後進行漢化，北方門第乃可發功，范陽盧氏、博陵崔氏、趙郡李氏、河間邢氏、渤海高氏、太原張氏都是世族。元魏雖亡，北方文治勢力進展無可擋，西魏出現蘇綽和盧辯兩大儒，以周禮定官制，"六條詔書"成為官吏新經典，北周繼續漢化，漢人士族更得勢，"從學術影響到政治，回頭再走上一條合理的路，努力造出一個合理的政府來"，乃有隋唐大治。

　　五是科舉社會，此處又分前期，唐至宋（618 年至 1279 年，共 661 年）；後期，明至清（1368 年至 1911 年，共 543 年）。科舉前期，唐太宗追隨了隋煬帝的科舉制度，保障所有公民有自由參加科舉的權利，取代了世家門第特權，但禁止商人應考並限制官吏經商。所以，唐代雖然工商資本活躍，甚至對海外通商，但仍是一個以"士"中心的傳統社會，貞觀之治的政績之一便是實施教育，推崇國學，增創學舍 1200 間，設博士，甚至有國外留學生，"國學之內，八千餘人，其盛為近古未有。"但不幸這一制度到武則天時代終止了，教育既停，只有考試，猶重進士科之詩賦，所以唐代多詩人為官。由“唐初四傑”的王勃等人，到盛唐的宋之問、李嶠等皆是，但詩賦日工，吏治日壞，南方人文采風流，代替了北方人的樸厚。唐代盛運發生危機，有資人多而官位少，宰相一職仍以世襲人為多。到安史亂後，藩鎮興起，失去了政治和社會的內部均衡，外族入侵，乃有五代十國的最不堪局面出現，只有民初的軍閥可比。

到北宋為了反唐人餘弊，嚴防華夷，重文輕武，裁抑王室貴族之奢淫，主張讓“愛教育、講道理的讀書人為社會中堅”，范仲淹如文初言，創立“秀才教”，以“天下為己任”，但要“成千上萬讀書識字而不明理”的官僚和秀才們，放棄特權，談何容易，所以范仲淹革新失敗。三十年後，王安石亦失敗，但又反映出歷史進程中的“南北之爭”、王安石為南方知識分子，“開新而激進”，司馬光乃北方知識分子，“傳統而穩健”，而新舊黨事，亦反映中國南北經濟文化的轉動而已。

宋史與南方人的不幸，是出了蔡京、秦檜、賈似道諸人，所以宋史“奸臣傳”中，幾乎全部是南人，而北方人則出了元祐諸君子：洛、蜀、朔三派，洛派程顥、朱光庭；蜀派蘇東坡、呂陶；朔派劉摯、劉安世。新舊南北之爭，為投機的官僚政客創造了機會，司馬光看錯蔡京，以為是良才，貧弱的北宋乃在政潮中覆滅。南宋一開始就是岳飛被殺，秦檜用事，單是手下執政亦換了 28 人，沒有一個善類，人才既息，士氣亦衰，後期總算出了朱熹、陸象山、呂東萊一批士人，不算交白卷，朱熹更是被朱元璋大捧場，影響了明清科舉。

科舉後期，元代科舉有名無實，科場舞弊是常態，有真才實學的漢人、南人多不屑應舉，沒有人才的政府兵力再強也無用，所以蒙古百年而亡。朱元璋是劉邦以外唯一一個平民皇帝，但朱元璋心目中，最可怕的唯有讀書人。除了盡誅功臣宿將，廢宰相之外，更用嚴刑酷罰來對待士大夫。京官每入朝，必與妻子訣別，及暮無事，則相慶以為又活一日。所以當時文人多不仕，到朱棣當皇帝，誅方孝孺十族，處死 847 人，鞭笞之刑乃尋常事。所以當時之

"士"，"以混迹無聞為福，以受玷不錄為幸。"但傳統政治已發展成"士人政治"，朱元璋亦無法改變，只能"使其為吾用，不是為吾患"。宋朝的"尊師相，抑君權"為明朝的大忌，朱元璋創出八股取士，同時極重學校，考試按月考驗，三年大比，優秀知識分子進政府為官吏，教育散佈全國，"耕讀傳家"的觀念，得以發揮。中國文盲大減，亦由此起。到明代中葉，名儒輩出，到處是書院，名儒有李時勉、陳敬意、羅欽順、蔡清，"成材之士，多出其門"。

明代的翰林院，更成為中央政府中最高貴的學術集團。內閣學士多出自翰林院，所以翰林院乃儲才養望之地，到清朝亦繼續用此制。但明朝又獎勵廷臣風發言事，以"危言激論自標異"，造成"空疏之人，長叫囂之氣，而致於以議論誤國。"明末崇禎迫於言路，不敢言和，固因秦檜的影響，但廷臣亦無敢主和事，明朝最後至於"一無可為而止"！明朝只有開國頭百年，吏治尚清明，和西漢有得比，但昏君懶皇太多，"士"亦難救！

明代特色是各地遍設"書院"，著名的四大："白鹿洞、嵩陽、嶽麓、應天"是宋代就始創，最後遍地開花。學者以個人品格、學風來扶植後代子弟，開發民智，陶育人才，但最終仍在改進政治，創造理想世界，但如此則造成政府與書院對立，書院屢遭毀禁，尤以東林書院的慘劇最具代表性。

進入清朝，滿清是狹義的部族政權，以鎮壓士人為要務，大興文字獄，繼續以八股取士。士已忘卻了其自身的責任，清高的理想，以"天下為己任"的壯志已滅，民間書院興起，是針對士風墮落。明朝遺老雖志節堅貞，但"遺老不世襲"，後代士子亦有應舉，才能維持生計。所以顧炎武、王船山、孫夏峰一輩，只能留下民族元氣，成為清末革命最有效的工具。所以在清代，"學術領導政治"的傳統已失，政治卻達到支配學術的境界。加上農村經濟枯竭，商人又淪為外國資本的買辦，清朝要改革的人卻只是柔弱的君主光緒，知識分子的康有為、梁啟超，追求"全變、速變"自然失敗，滿清亦亡國。

中國進入新世紀的一百年，據錢穆的觀察，中國知識分子（士）的新思想是：尊重去國留學，吸收西方科學，但又無攝取科學的經濟後盾，從而自信力日消，是近代的中國悲劇。二十一世紀的 "士" 的責任，又是甚麼呢？栽培科學的經濟基礎已經有了，融合東西方文化是必需的。

六是現代社會，民國時代至今（1911 年至今）。滿清解體，中國進入軍閥和黨爭時代，錢穆評為 "新政治情態之腐敗黑暗而論，唐末、五代殆不過是"。當時的新形態士大夫，抄襲歐美成法，創立國會，制定憲法，成立政黨。"誤認分黨相爭為政治上最高的景象"，"殆不知所謂和衷共濟與舉國一致"，世人要到百年後的今天，才恍然大悟，"一般黨員，則憑藉黨爭的美名，來公開無忌憚的爭權奪利"。上述是錢穆在八十年前的觀察，居然至今仍然在所謂民主社會中發生，豈不痛哉！

軍閥之後，乃有 "五四運動"，有五四青年、北伐青年、抗戰青年等知識分子的出現，但在抗日大亂之下，無用武之地。錢穆提出孫中山的三民主義作為領導的指標，但隨着國共戰爭，蔣介石退守台灣，三民主義只能在台灣成為指導。到了二十一世紀，三民主義也非必修科了，在大陸則經過文化大革命的頓挫，儒家文化要到二十一世紀再抬頭，中國五千年傳統文化再發力，范仲淹的秀才教精神能否在 "士" 的心目中再次重現，乃中國夢能否順利達成的關鍵。這點在《國史大綱》的第 46 章，"除舊與開新"，並未討論。但東西方接觸又經過百年，此外留學者眾，不能再 "昧於外情"，中國的 "國學" 就是軟實力所在，"中華民族固有文化對世界新使命的開始"，是二十一世紀士之責任所在，亦是錢穆在《國史大綱》的結語也！

歷史上秀才教與改革派宿命

　　錢穆在《國史大綱》中提出，宋明學者中有所謂“秀才教”，是范仲淹等人首倡的，流行於一輩以天下為己任的秀才們中的“宗教”。他們以嚴肅的態度，來遵行他們的“純潔高尚而純摯的信仰”，並形成一種合理的教育，可惜的是，不是人人都是“以天下為己任”的。社會上有機會讀書以及有資格做官的人，遠遠超過尊崇“秀才教”的人，因此他們空有理想而無法實現，他們對政治悲觀，甚至持反對態度。而一輩盤踞在政府各部門的官僚，亦常敵視他們，甚至屢興黨獄，明代講學的書院，屢遭焚燬，程顥、朱熹皆列黨禁，王陽明亦幾不免。

　　“秀才教”的領頭羊是范仲淹，亦是主持“慶曆新政”的宰相，秀才而為宰相，要得宋仁宗提拔。范仲淹提出“十事疏”，五事澄清吏治，三事來富強，二事主執行，可見澄清吏治是第一要務。“明黜陟，抑僥倖”，讓賢者上，不肖者退，宋仁宗是 OK 了，但這十事把讀書人的“特有權利”推翻了，這還了得？“暗潮明浪，層疊打來”，范仲淹做了 11 個月，倉皇辭職，宋仁宗心中明白，亦擋不住舉國洶湧之勢，勉強接受了。北宋第一場改革無疾而終，為時亦短，范仲淹能“先天下之憂而憂”，讀書人不肯“後天下之樂而樂”，這是改革第一個教訓，“秀才教”第一個挫折。但不到三十年，王安石繼之而起，推出熙寧新法，與范仲淹不同，“反對范仲淹的，全是當時的所謂小人；而反對王安石的，則大多是當時的所謂君子”。范仲淹和王安石，都是事業失敗之人，都擁有偉大的理想，但所獲評價不同，范仲淹得高度評價，因能“推獎人才”，王安石則因“為小人所利用”，譭譽參半。而不可否認的是，二人的品格，都是崇高的。所以，中國人幾千年來，都是因無法管理沒有"以天下為己任"的讀書人而失敗的，宋朝的讀書人"不免為做官的立場來反對范仲淹，自亦不免為做官的立場來奉迎王安石。"原因是范仲淹要"先清吏治"，當然只能反對；而王安石只來推行新法，"不問人品"，當然可以奉迎。千年之後的世界，亦未必能有改變。

性格執拗的王安石

　　王安石第一次執政先後 5 年，第二次執政僅 20 個月。下台後，宋神宗依然照王安石所定新法推行，先後 17 年，到宋神宗一死，新法即廢，是行政技術有問題，中國古人不識何謂現代管理是大弱點，連范仲淹的兒子范純仁亦指出："事大不可速成，人才不可急來，積弊不可頓革。"如要事功急就，必為奸人所乘。老實説，17 年間，王安石只開個頭，做了 7 年，其餘 10 年宋神宗要負責，他用了甚麼人，當時史學家當然又為尊者諱了。

　　王安石一是"自視過高"，二是"只看重死的法制，而忽視了活的人事"。人事即是吏治，但范仲淹前例在前，一講吏治，便要下台，只能不講，但澄清吏治是"寬養民力，厚培國本"的本錢，沒有本錢，談不上武功，所以到現世，先要加稅，才能講增加軍備，哪一個國家不如此？看看日本。王安石的大毛病是"固執不受人言"，但現世哪一個大政治家是不固執的？"受人言"既是重要的，王安石的哲學思想是："天變不足畏，祖宗不足法，人言不足恤。"錢穆稱之為狂論。王安石的確好罵人不讀書，但唐宋八大家，讀書最多莫過王安石，只是不必如此沙塵而已。王安石與全天下讀書人為敵，不管是不是有志"以天下為己任"，都視為流俗，王安石勸宋神宗不必顧群情，説："流俗權重，則天下之人歸流俗，陛下權重，則天下之人歸陛下。"宋神宗當然認同權在自己之手。范仲淹、王安石的共同理想是實現"裁抑兼併，上下俱足的社會"，亦是一個"開明合理，教育普及的社會"。"為法首擇術，當法堯舜，何必唐太宗"，錢穆結論："范仲淹、王安石革新政治的抱負，相繼失敗了，他們做人為學的精神與意氣，則依然為後人所師法，直到最近期的中國。"這是何等崇高的評價！新法失敗，北宋繼續東漢以來，"治天下不如安天下，安天下不如與天下安"（呂思勉所言的政治上的金科玉律），天下讀書人與"秀才教"之人不同處就在此。"成敗不足以論英雄，因為事之成否，多半決之於外來的因素。"（亦呂思勉語）王安石變法失敗，但錢穆說，即使變法由名重一時的張載來推行，當較王安石更為迂闊。即使反對新法的程顥，亦不看好舊派的司馬光，說他"自謂如人參甘草，病未甚時可用，病甚則非所能及"，是"才不負當時的艱難"。換了蘇東坡和二程，大概結果差不多，人說王安石只求行法，不論人品，但司馬光居然大大賞識蔡京，看來亦無知人之明。司馬光是一流史學家，卻無知人和執行力則是無疑的，亦是追求"溫良恭儉讓"者的通病。

誰說中國近代改革無人

宋清之間還有一場張居正的十年變法，亦人亡政息，張居正死後還獲罪，可見改革之難，但張居正亦延續了大明壽命半個世紀。在清末還有一場戊戌"百日維新"，錢穆所說的"最近期的中國"，可能指這一場變法。這一代人最佔有學術地位是康有為、梁啟超和章太炎三人，康有為主君主立憲，章太炎主民主革命，梁啟超則是先從康，後從章。呂思勉在其書中，將三人比諸北宋士大夫，康有為最像王安石，性格極執拗，王安石號為"拗相公"，"其偉大在此，其不能盡善亦在此"（呂思勉語）。戊戌變法若竟苗然有成，成績大概亦和王安石新法相仿的。梁啟超最像蘇東坡，是個冰雪聰明的人，對人情世故見得極通透，但亦是一個只能"坐而言不是起而行的人"，所以梁啟超當官並無成績，反而"講學遺其餘生"和寫作最有成就。章太炎則似范仲淹之子范純仁，是個"講究實際，反對徒騖其名的人"。范純仁深知"新法雖受人攻擊，其中自有是處，舊法亦非無弊"，所以算個新舊二派中的折衷派，蘇東坡亦如此。但政治總是一派的勢力壓倒另一派勢力，兩派總不能折衷。如今的美國民主、共和兩派，亦不過是重複北宋黨爭的宿路，不是甚麼新聞。民主已開到荼蘼，亦是本世紀的大事，中國人深知矣。錢穆和呂思勉遠在 1943年就深知了，誰說民國無人？王安石、蘇軾、司馬光都是政治家兼文學家，王、蘇位列"唐宋八大家"，司馬光則以《資治通鑒》得名，王、蘇二人比較，"王之潔、蘇之博"各成一家，但梁啟超的看法，是"荊公，學人之文也"，唐宋其他七家則是"文人之文"，"其理則博大而精辟，其氣之淵懿而樸茂"，是王安石特色，而非七子之所能也。至於民國的三人，呂思勉的評語是："康有為代表着陽剛之類，章太炎則代表陰柔之類。"文學中陰柔者多，陽剛者少，物以稀為貴，所以呂思勉評康有為第一，章太炎次之，梁啟超只能排第三了。大文學家的的定義是，"以最雅馴的語言，表現出現代的思想"，兩者缺其一就不能算偉大，文字雅馴而思想有限，平庸膚淺的思想，求其文字的雅馴，本來是不難的，確是的論，後學者留意了。

亦師亦友亦同德
—記呂思勉和錢穆點滴歷史觀點

　　呂思勉和錢穆同是二十世紀的歷史學家，同是江蘇人，呂氏是常州，錢氏是無錫，呂氏生於中法之戰的 1884 年，錢氏生於中日甲午之戰的翌年 1895 年，亦是簽訂《馬關條約》的一年，兩人只相差 11 歲，錢穆雖師從呂思勉，為歷史學啟蒙，稱兩人亦師亦友，亦無不可。作為師長，呂思勉對錢穆的評價如下："現在的學者中，我覺得錢賓四先生氣象頗有可觀，唯覺他太重視了政治方面，而於社會方面畸輕，規模微嫌狹隘而已。"此文成於 1946 年，錢穆已 51 歲，呂思勉 62 歲，錢穆的《國史大綱》成於 1939 年，早已卓然成家了。《國史大綱》果然也是論政治者多，論社會者少，但錢穆活到 95 歲，社會問題當然也補過來了。呂思勉和錢穆學習歷史，都是古法，由讀《史記》入手，讀法學自曾國藩："讀書如略地，但求其速，勿求其精。"讀史秘訣是："能將當世之事，與歷史上之事互勘，而不為表面的記載所囿。"凡議論"能力求核實"，是不二法門。但呂氏堅持："治史不只是講考據，而是講政治和社會各問題的。"歷史的可貴，不在其記得很多事實，而在其能根據此種事實，來說明社會進化的真相，對於現代社會的成因既然明白，據以猜測未來，自然可有幾分用處。所以呂氏主張中學以下的歷史，改教社會學，以歷史為註腳，而到大學，才再教以歷史，因為大學生的社會閱歷，總比中學生為多，而治史以社會學為基礎，至少可以少花兩三年功夫，而早得一些門徑，是治史第一要義。所以錢穆成立新亞書院，要大學一年級生，必讀"中國通史"，應是本呂氏之意。錢穆要學生讀史，以便"知人、曉事、論世"，人事是世間第一難事，錢穆最後離開新亞，亦是"人事"問題而已。讀史要有主見，非得了解社會情形，否則對於一切史事，都不能真實了解，所以呂氏主張："正史材料，太覺零碎，非已有主見的人，讀之實不易得益，所以不必早讀。"今日之學子和百年前的五四青年，中文程度有天淵之別，尚幸有"四大史學家"出現，以白話文寫古代歷史，才免了讀古文之苦，所以二十一世紀的學子，還是有福的。

　　呂思勉又是如何論政治呢？首先："政治不是最好的事情"。這是西方觀點，因為"政治本來是社會上有了矛盾然然後才有的"，"所以政治家所對付的，全是些貪婪、強橫、狡詐的人，毫無手段是不行的。"政治總是把這一種勢力去壓服那一種勢力，這雖然不必是戰爭，其性質和戰爭無異。"政治雖然是兩個階級的鬥爭，然在一定時間內，總有一個階級是代表國民福利的"，發展到二十一世紀，泰國出現了紅衫軍和黃衫軍，誰代表國民福利，也就難說了；美國早就有共和黨和民主黨之爭，誰也代表不了國民福利，更令人莫明其妙，但政客終歸是政客。錢穆談政治，談到北宋新舊兩黨之爭，雙方面都有好人和賢人，王安石雖有高遠的理想，但新政終歸失敗了，只因"看重死的法制，而忽視活的人事"，又是"人事難"也。王安石和司馬光之爭，亦是地域上的南北之爭，王安石代表南方知識分子的"開放與激進"，而司馬光代表北方知識分子的傳統和穩健，但兩派最後是互斥對方為奸邪，一味注重道德的高低，而忘了重道德的本意。凡事官場"重小節，忽大略"，"但求無過不求有功"，古代用人，"視成不視始，責大不責細"，北宋諸公做不到，"較小罪而不觀大節，恤浮語而不究實用"。千年之後，今人亦感歎歷史之重演，錢穆結語："新舊相爭的結果，終於為投機的官僚造機會"，如蔡京用事，北宋之亡有六賊，全是投機之輩，"貧弱的宋代，卒於在政潮，屢次震撼中覆滅。"錢穆感歎："新派亦非無賢者，而終不勝意氣私利之洶湧"，"兩黨皆可責，亦皆可恕也"。今日的黨爭，不能不引以為鑒。讀歷史有實用之處，呂思勉主張："政治家的功罪，只能問其根本上的主義如何，並不能摭拾着這一件事，或那一件事，用簡單淺短的眼光去評論。"凡做一番大事的人，總是有人説好，有人説不好，根本上沒法子使每個人都説好，所以做大事的人，總是把"毀譽置之度外"的。這些話是呂思勉在為曹操辯誣的文章中説的，在論曹氏家族，呂、錢兩位倒不是同一陣線的，錢穆認為："曹家政權的前半期，挾天子以令諸候，借漢相名位剷除異己，下半期的篡竊，卻沒有一個坦白響亮的理由"，錢穆在他的文集中，最推崇諸葛亮，但呂思勉則對曹操和諸葛亮同樣推崇，一個是魏武帝，一個是諸葛武侯，都有一個武字，封建時代的光明面，是有"公忠體國的文臣"和"捨死忘生的武士"，這兩種美德，兩人都全備了，文武全才，是漢末亡國的光榮，魏武帝和諸葛武侯都是不怕"謗毀"的，做大事業，亦又能如此。至於對王莽的看法，呂、錢二人是一致的，王莽篡漢是唐詩所引起的誤會，錢穆只稱這事件是王莽受禪，是漢儒政治理論的自然趨勢，漢末劉家已無人，"王朝德衰，天降異災"，應早物色賢人讓國，"否則革命起，終無以保其位"。

　　王莽書生本色，治禮，務恭儉，迂執信古而負大志，正恰時代潮流。王莽要解決的是"社會兼併"和"消弭貧富不均"兩大問題，這是一個兩千年不變的難題，二十一世紀有改變嗎？王莽失敗，一是失之太驟，二是奉行不得其人，三是不通情實，變法結果是"人人失業，食貨俱廢"。呂思勉説：歷史不以失敗論英雄。"因為事之成否，多半決於外來的因素"，歷史往往是"事之成於其手"的，新莽失敗，不是王莽個人的失敗，而是先秦以來談社會主義和政策的人共同的失敗。因為王莽的所作所為，都是他們發明的理論和政策，王莽只是付諸實行。此後兩千年，讀歷史的人都知道，社會改革不易，王莽失敗後，"變法禪讓"的政治理論，從此消失，改變為"帝王萬世一統"的思想，影響甚至全亞洲。呂思勉的名言："治天下不如安天下，安天下不如與天下安。"錢穆則稱之為："中國史演進過程中的一個大失敗"。否則今日歷史改寫。錢穆在評北魏的鮮卑人漢化計劃時稱："為自己一種高遠的政治理想”，而引起家庭父子慘劇者，前有王莽，後有魏孝文帝。王莽賜死其子王宇，和魏孝文帝賜死太子拓跋恂，都是兒子反對父親的變法和遷都引起的悲劇。王莽是因改革不當而天下大亂，魏孝文帝則在遷都 5 年後，33 歲即卒。天不假年，否則北魏不致因不能繼續改進，並急速腐化而亡。“歷史上有一番改進，往往有一度反動，不能因反動而歸咎改進之本身，然亦須在改進中能善處反動方妙。”這是錢穆對改革的一番金石良言，北魏雖亡，但北方文治勢力無可阻擋，魏孝文帝看見這潮流，要鮮卑政權與之融合，反對派不明其意，大都做了時代潮流的犧牲品，哀哉！二十一世紀的潮流，誰能看清楚呢！

錢穆論人生和啟發

錢穆敬告中國青年

　　新亞精神是甚麼？"千斤擔子兩肩挑"，挑的是甚麼？一言以貫之，是"對中華民族歷史文化的自信力的復活"。錢穆對弟子們苦口婆心，開始亦只為海外學子對祖國歷史文化有起碼的了解，所以新亞校歌是淺近的，但寓意深遠。錢穆的要求，原話據葉龍所載："新亞的校風是好的，可是學風還嫌不夠，大家不要單單聽講，也得在課外自修多閱讀。"

　　錢穆在"敬告中國青年書"中說："中國是有着四五千年的長期優良文化傳統光榮歷史積累的國家，但同時又是在近百年來外面受盡屈辱和壓迫，內部不斷動亂和災禍的國家；但這一個多災多難的國家，依然在世界上有其舉足輕重的地位。"時空過了五六十年，中國真的已舉足輕重了，外國人已不斷提出"中國威脅論"，就是其一，中國經濟規模已是世界第二（不必追求虛的第一）。但在當時，錢穆已感歎："今日我們可愛的中國青年們……對自己祖國的以往歷史傳統和文化精神是已模糊了，由於模糊而輕忽而誤解了。"

　　錢穆說："無論如何，你們總該對祖國以往歷史文化求有所了知，真的有所了知呀！"所以上世紀五六十年代的新亞學生都必修"大一中文"、"大二中文"和"中國歷史"，錢穆的"國史大綱"固然要讀，中國文化則儒道並重，"論"、"孟"、"莊"、"老"已有代表性，其他各家均從儒道衍生而出，至於佛家禪宗、達摩東渡，再一葦渡江產生禪宗，那已是佛學中國化。老外常說中國人無宗教，無信仰，真是廢話。

新亞精神回顧

2015 年 1 月末，新亞校友聚餐，一位五十年代，五位六十年代，一位九十年代，年齡相差四十歲，居然也可以溝通新亞精神，還討論了老關 1 月 26 日所寫的新亞精神文章。老關囑咐作個感想，雖然人在旅途中，錢穆著作都不在身旁，恰好葉龍先生寄來一本簡體字版的《錢穆講學札記》，正好可以引述一遍。

首先談錢穆是“史學家”還是“新儒家”？閔教授一言判定是史學家。事實上，在《講學札記》的附錄所載，海外人士多年來對錢穆的稱呼最少有二十四種，其中並無“新儒家”，而“史學大師”最恰當。

錢穆建立新亞書院，提出新四書：《論語》、《孟子》、《莊子》、《老子》，有異於朱熹的四書，兼重儒道，而細讀《國史大綱》，其中關於佛家學説之深刻，更不能以儒家視之，新儒家更不必論了。至於新亞精神，是不是由新亞校歌就可以概括，則另有商議。在《講學札記》附錄中，錢穆説明創辦新亞書院如下：“我們的理想，認為中華民族當前的處境，無論如何黑暗與艱苦，在不久的將來，我們必會有復興之前途，而中國民族的復興，必然將由於中國民族意識之復興和對於中國民族以往歷史文化傳統之自信心的復活之一基礎上”，“所以新亞精神乃不畏艱險為中國文化繼往開來之精神。”

新亞在憂苦中誕生，憂苦中長成，而且還繼續在憂苦中前進着，所以新亞校歌才會説：“手空空無一物，路遙遙無止境”。校歌寫於六十六年前，六六大順，今日新亞學子手已不空，路仍很遠！

腦空空、無一物

錢穆寫新亞校歌為校友所傳頌最多的是“手空空、無一物”，但錢穆最怕是學生“腦空空、無一物”。中國“歷史文化傳統”蕩然無存，中國夢無從發起。

1949 年創校，還未稱新亞書院，而是亞洲文商學院，地點在九龍偉晴街，師生全在一起，"食宿均無定時，有時就買些麵包回來吃"。在那狹窄的宿舍裏，錢穆"常常在那裏踱來踱去，他的心情是沉重的"。創校時精神壓力太大，日間又忙於奔跑，學生連夜為其睡時囈語所驚醒，一言總結之："生活是簡陋的，擔子是沉重的，前路是遙遠的"，所以才有新亞校歌的句子："亂離中，流浪裏，餓我體膚勞我精"，那是生活的照寫。

即使到了學校較穩定，錢穆亦先住九龍鑽石山西南台，其後搬去沙田萬佛寺和風台，即使搬到台北外雙溪素書樓，亦是十分簡樸，和同在外雙溪的張大千摩耶精舍，是不能比的。到筆者上世紀入讀新亞的六十年代，錢穆已離校，新亞學生的生活仍然艱苦，一袋麵包吃三天，仍大有人在。"艱苦我奮進"，是必然的，"困乏"能否"多情"，則要看個人的修煉了。五六十年代的新亞教授也是住在被錢穆稱為貧民區的鑽石山西南台，可想而知，學生都是寒門，是不用說的了。新亞精神已經六十六載了，"與時俱進"是《易經》精神，需不需要新元素呢？

在今天這個"後物質主義"時代，不追求物質而追求精神，不是恰好嗎？要重建中國歷史文化傳統的自信心，是其時了，錢穆早就指出讀歷史令人"知人、曉事、論世"，而中國和歐洲的 500 年浮沉就是可論的世事！

歷史中文皆必修

中大副校長希望"歷史"成為初中必修科，那麼是不是中大的大學生也應以"歷史"為必修科呢？上世紀六七十年代的新亞書院的學生是必修"歷史"，"大一國文"也是必修的，那時還要修"大二國文"，也是必修，英文還可以修至"大三英文"，那是選修，這當然是錢穆院長的德政。

讀的時候可能是怨聲載道，但日後的影響深遠，到人長大才知道。既然讀歷史，不得不知上世紀歷史四大家。以出生年月來排，陳垣（1879-1971）、呂思勉（1884-1957）、陳寅恪（1890-1969）、錢穆（1895-1990）。四人中錢穆

最年輕，去世亦最遲，曾在香港創立新亞，其實前後才 18 年，在他 95 歲的
人生中，只是五分之一而已，也只是筆者一輩，比較知之。錢穆 1949 年離開
大陸，免了文革之苦，呂思勉則早逝，而二陳卻不可免，陳寅恪更是世家之
後，是"公子的公子，教授的教授"，自然更苦，但陳垣得年 92，陳寅恪得
年 79，也算高壽了。

　　陳垣在 1929 年當上輔仁大學校長，指定"大一國文"，文理科學生都必
修，要求大學生能"很好掌握中國語文這一工具與人交流，充分、正確地表
達自己的思想和科研成果"，並親自主持，選定有根底的中年教師講授。學
生中出現啟功、牟潤孫等著名學者。錢穆 1949 年到香港成立新亞，亦復如此，
更加上中國通史。陳垣開課有"中國史學名著評論"，今天看來太高深，要研
究生才可唸，但錢穆的"中國通史"和呂思勉的"中國大歷史"，內容涉及民
國初年，學生才得知中國之弱。

中國文化本源所在

　　新亞師弟說被年輕人問"何以喜歡中國文化？"一時語塞，其實這是錢穆
新亞精神一個主要支柱，錢穆在 1986 年一篇《今年最後的一課》的講稿結束
語說："你們不要忘了自己是一個中國人"，"這是一切大本大源之所在"。
"要根據這本源來規定自己學問路向，來改良社會風氣"。但這位師弟說，在
這位年輕人心目中，"中國人"和"香港人"都是空話。

　　1986 年，錢穆說話的對象亦是年輕人，更早一點，牟宗三亦提出五四青
年特質，多自西方歸來，只知羨慕西方，回來祖國，只是寄居，正是這種寄
居心態，加上受自由主義影響，只知自己的個人自由和學術自由，追求社會
地位，將"國家民族、歷史文化"視為空論。

　　在香港這個華洋雜處的環境，新自由主義橫行的境地，青年人不知有祖
國，也就沒有甚麼稀奇了，牟宗三的解藥是"有一積極的正面精神上之崇高

理想"。看來有點難,其實遠自一百年前創刊的《青年》雜誌(如今猶在),創刊號就希望當代青年能"自覺和奮鬥"。

錢穆一生講學,是勸年青人要當一個"通人",莫為一專家,西洋文學家就是文學家,史學家就是史學家,政治家就是政治家,此為"專家之學"。西洋人沒有中國人之所謂"士",所謂"通儒",沒有一個中國史學家可以不通經世文學,也沒有一個中國史學家、文學家,當不起中國文化大統之首的"士"的身份,此乃中國文化的吸引之處,惟有知道自己的本源,一切才能發展,不信照照鏡。

錢穆墨寶展感言

2016 年 12 月 6 日,新亞校史館舉行錢穆墨寶展的開幕儀式,筆者剛要返回上海,無法參加這盛會,不過卻在 12 月 2 日下午,有了一個獨賞的機會,不是特意安排,只因展館內空無一人。

對筆者而言,此展不在錢穆大師的書法有多好,剛賞過王羲之、李世民的碑,又看完北魏碑帖,還未消化完呢!此展在乎錢穆對後輩的點撥,在字裏行間看真功夫,正如錢穆給葉龍的信,提到韓愈文章説:"學文即學道,此乃唯一之正道也。""毋一語非教做人乎,毋一語非超世絕倫者而能道之乎。"1960 年 5 月給余英時之信,則説:"勿心慌,以安閒沉着的心情讀之",不得浮躁也。五十多年過去了,亦有用。錢穆作品中,《近三百年學術史》和《學籥》,"入學門徑與讀書之法,盡在兩書之中",《學籥》1958 年版,"好學之士,取而為法,亦為學之門之一途。"我們這些後學有多少人被告之要讀《學籥》呢?

筆者晚了五十年,錢穆大弟子應為嚴耕望,因為錢穆還未到香港,曾在武漢大學教書,而嚴耕望乃當時的學生,1962 年,錢穆給嚴耕望的信,回顧1937 至 1962 年間:"二十五年盡在亂離窘迫中過去,豈能無慨於中!"新亞書院 1963 年加入中文大學，錢穆 1966 年就離開了，筆者恰在這年秋天入學，才有機會聽過錢穆的無錫普通話，卻無葉龍一輩有上課的機會，這就是緣。不過，2014 年是新亞六十五周年慶，筆者有機會出版《讀史觀世》，以紀念錢穆，也是緣中之緣了。

天人合一論天下

二十世紀西方世界製造了三大神話：一是自由市場能提高全世界的生活水平；二是民主制度保證稱職的政府有管理的能力；三是美國獨力可以維持世界安定。到了 1990 年蘇聯解體，神話好像兌現了，但僅僅維持 10 年。

到二十一世紀，9•11 慘劇證明美國在自己國土也可以不安全，遑論外國。巴黎慘劇非美國所能救，美國國內政黨互鬥，國會支持率已低到 9%，但九成在位議員可以連任；日本安倍經濟學三箭無效，一樣可續任三年，只要能計算就好；台灣小馬哥支持率也是 9%，但換行政院長就好，不然放了阿扁也可得分。自由市場只要有利盡量拿，那 6 萬家跨國公司，食安有問題只要派個當地管理層出來鞠躬就好，1% 變得愈來愈富，10% 只是為 1% 服務。

“華盛頓共識”早已變了“華爾街共識”，貪婪不但好，而且合法，一切合法就好，不合法可以修法，修到好為止，天道何存？西方有宗教而無天命，天命和人生要合而為一是東方的道理。1990 年，錢穆論“天人合一”，説“近百年來，世界人類文化所宗，可說全在歐洲”，但歐洲文化在二戰後已衰落，西方文化由美國取代，但美國文化只有二百多年，且亦來自歐洲，到二十一世紀，文化智力已竭。錢穆説以文化興衰而言，“西方文化一衰則不易再興”，而中國文化則屢仆屢起，數千年而不斷，因為能“不違背天，不違背自然”。錢穆一生最後一篇文章以“天下”作結，意曰：“世界人類文化融合為一，各民族和平並存”，豈非二十一世紀所急需？

錢穆的"一個中國人"

錢穆勸學生們"不要忘了自己是一個中國人"不知多少次，最後一次見諸文字是 1988 年 6 月 28 日的台灣《聯合報》，是錢穆最後一課的講稿，是結論中的兩點之一。

第一點，"你們不要忘了自己是一個中國人"，這是一切大本大源之所在。第二點，要根據這本源來規定自己學問路向，來改良社會風氣。這篇文章名為《今年我的最後一課》，有心人宜拿出來再讀一次，講課時恰為端午節前夕，所以舉了屈原來當例子，端午節用意是在紀念屈原其人，不是為了吃粽子，也不是為了龍舟競賽。

錢穆認為，"龍舟競賽，則早已西洋化。文化侵略，可畏如此。"錢穆提到《史記》中，司馬遷將屈原和賈誼合傳，而不是弟子宋玉，是太史公的偉大，這篇列傳短短六頁，誰都有空拿來看看。

屈原流放，是"舉世混濁而我獨清，眾人皆醉而我獨醒。"傳中錄了《懷沙賦》，其中兩句"世既莫吾知兮，人心不可謂兮"，"伯樂既歿兮，驥將焉程兮"，不難理解。屈原死後，其弟子宋玉、唐勒、景差，人人寫賦一流，但"莫敢直諫"，中國人後來以端午節紀念屈原，千古只有一人，沒有誰有此殊榮。太史公說："賈誼弔屈原，以彼其材遊諸侯，何國不容。"確實七國皆想聘屈原，連秦王亦如此。又說："讀《鵩鳥賦》，同死生，輕去就，又爽然自失矣。"寫得真好，時至今日，屈原、太史公已少為人知。

錢穆亦自云，過十年二十年，我的姓名都被人遺忘了。當時梁啟超、胡適之已少人提及了，誰再提"中國人"呢？

錢穆南懷瑾均選太湖

1990 年 9 月，筆者由洛杉磯調到台北工作，第一件從報上看到的消息就是新亞書院創辦人錢穆去世的消息，這一年亦是由台北市議員陳水扁發動，將錢穆趕出東吳大學內的素書樓。

當年請錢穆、林語堂等大師回台搞"新文化復興"，對已經執政的李登輝毫無意義，亦無人仗義執言，台灣的"去中國化"其實已在無聲中開始了。林語堂葬在陽明山家中，變成故居紀念館，墓木已拱，還不至於遷墓，算是大幸。錢穆在 1992 年歸葬太湖西山，報上是隻字不提，筆者是從新亞舊友得到消息。

另一位大師南懷瑾，在台北教朱熹學說和《易經》，學生是副部長及有升遷機會的高官，原因據稱是改變頭腦，去換蔣介石注重的"曾胡兵法"，曾國藩和胡林翼理論自此退出台北官場，南懷瑾亦在無聲中離開台灣，經香港再到大陸，選址亦在太湖旁，不過錢穆的西山俞家渡，屬蘇州，而南懷瑾的"大學堂"卻在無錫，太湖的對岸還有湖州，太湖真大啊。

2014 年 12 月，筆者和同屆老友攜同二位上世紀 90 年代畢業的師弟，同赴錢穆西山之墓致祭。太湖浩瀚，風景殊佳，二十多年後，墓前松樹已由小變大，還有一棵被風吹倒了，理宜再植。守墓人俞菊英女士住在山下，全程陪同，其情可感，湖邊已有豪宅古比稚園，風景大家共賞。祭後專程到 90 公里外的大學堂，不知南懷瑾墓是否在此，不得其門而入，但這家教小學生的大學堂，規模可觀，他日安排好再往！

錢穆評曹丕

返港收到《錢穆講中國文學史》（商務出版），當然立刻拜讀，這是錢穆遠在 1955 年講學的筆錄，葉龍先生至今才公諸同好，好像有點遲到。

錢穆 60 年前曾感歎，五四白話文運動後 30 年，當日青年已無國文根基，連胡適的調皮活潑的文章，時人已不易懂了，何況梁啟超"洋洋灑灑，寬大而散漫"的作文呢？孰知 60 年後，白話文也不成了，已是網絡文字，下筆千言，已算太長。錢穆希望"今日青年應能看 2000 年前的國文，又應能看 50 年

前的英文書，才合水準"。那已是在"學術界作自由人"了，但花三五年時間
讀通中英文，今日在商界，也是最低標準吧！

　　錢穆書中看重曹操、曹丕、曹植三父子領頭的建安文學，是"落花水面
皆文章，拈來皆是文學境界"，其中曹丕的書信寫的是親切有味的日常人生
瑣事，這種親切而有味的文學，是兩漢所無，曹操之後才有。西方人寫人生
是寫別人的，中國人則是將自己投入進去，錢穆希望有人"創出一種東西調
和的文體"，曹丕有學者頭腦，亦尊重學術，可惜由於政治上不為人所看重，
所以很多文章亦失傳了。

　　錢穆認為，曹丕是在中國文學史上講文學之價值與技巧的第一人，主張
"文以氣為主"，但"行氣不齊，巧拙有素，雖在父兄，不能以移子弟"，所
以家長再好，也救不了子弟的。"文人相輕"這句話也是曹丕寫的，主因是"夫
人善於自見，而文非一體，鮮能備善，是以各以所長，相輕所短。"曹丕、
曹植只能是各有千秋，後世貶丕捧植，只因一為帝一為王而已！

通人和達人的要素

　　錢穆除了勸學生不要忘記"自己是一個中國人"外，同時亦常勸學生本為
一"通人"，莫為一專家，不要為慕效西方文學，而專為白話文，忘記了還有
"古典文學"的存在。錢穆一輩讀歷史，也讀《楚辭‧離騷》，也讀《史記‧屈
原賈誼列傳》。

　　在錢穆講學的年代，這些文章已歸入古典文學，少人誦讀，讀歷史而不
通文學，不知屈原、賈誼其人和他們的作品，當然不是"通人"。錢穆認為，
沒有一個中國史學家可以不通經學文學。西方可以，西方文學家就是文學家，
史學家就是史學家，政治家就是政治家，經濟學家就是經濟學家，沒有"通
人"，所以西方發展到治國一團糟，恐怕也在此。

　　日本則有"匠人"、"通人"、"達人"的觀念，今日人們好從日本抄來"達

人"一辭,不知道"達人"只是日本學徒制的產品,師傅是"通人",徒弟畢業是"達人",達陣的人,剛剛畢業而已。日本匠人秋山利輝寫了本《匠人精神》的書,他的人才培養制度長達 8 年。"1 年預科、4 年學徒、3 年帶學徒",8 年後才能自立。4 年大學制實在太短,培養不出傑出的人才,也有道理。秋山要培養一流匠人,或一流人才,有 30 條法則,如成為"有責任心的人"、"能為他人着想的人"、"不會讓周圍的人變焦躁的人"、"成為很會打掃整理的人"、"成為能夠擁有自豪的人"、"成為勤寫書信的人"等。其他要素如"禮儀、感謝、尊敬、關懷、謙虛",秋山理論是沒有超一流的人品,單有技術,是打不動人心的,壯哉斯言。還好,秋山理論未被日本廣為接受,"匠人不易,通人更難"。

齊名文化和萬物共容

錢穆在論文化之際説:"一國的文化是民族性的表現,為表現民族文化的偉大,可以讓萬物共容,不必定於一尊才是表示文化偉大"。所以中國歷史上,常有二人齊名,以唐朝為例,文化達到頂點有李杜的詩,李白、杜甫誰是略勝,看個人喜好;韓愈的文章雖好,但柳宗元的《永州八記》,韓愈也是寫不出;顏真卿的書法較為後世尊崇,但柳公權的字亦不遜色;吳道子的畫已無真跡,好在傳說中,但李龍眠的畫亦復如是,今人看不見。原來最難傳於後世是畫,太多用來陪葬了,能不能傳也是看時代氣運。

西方文化有沒有齊名的現象,筆者沒有研究,但西方既重"贏者全取",奧運只有金牌得主才有市場價值,齊名恐怕也很難。美國過去 30 年,最流行的理論是"新保守學派",其代表人物 Wolfowitz 主張美國要通過武力在全球保持領導地位,同時要遏制任何強國的崛起。73 歲的他目前仍是小布殊老弟的選舉顧問,新保守派會不會回朝,也是 2016 年的一個懸念。

中國希望"變對抗為合作,化干戈為玉帛",這是良好的東方文化願望,但和新保守派理論背道而馳。美國文化要選擇那條路，基辛格在他那本《美國全球戰略》書的結論說，美國"問題不在於缺乏有獨到見解的領導人，而在於領導人普遍缺乏文化修養"，對美國文化固然一知半解，對中國文化更一無所知，哪裏能體會出中國文化中的"齊名現象"和"萬物共容"的追求？中美兩國齊名就好，誰是老大，誰是老二，亦見仁見智，何必爭！

互相剪滅的英雄輩

　　少時讀淝水之戰，八公山上，草木皆兵，總以為東晉謝玄是好運才得勝，苻堅是運氣不好。其實不然，淝水之戰六年前，謝玄鎮廣陵，創立一支北府兵，精銳無匹，領軍是劉牢之，軍中好手劉裕，就是南朝劉宋的開國之君；謝安謝玄叔姪，又怎料得到呢？

　　東晉諸帝都是無權的虛君，大權在國相之手，可以亡晉的基本上有桓溫、桓玄和劉裕。桓溫自身帶書生名士氣，心有君臣名教，所以篡逆終不成。桓玄廢晉安帝自立，為劉裕起兵所破，敗死。晉安帝復位，劉裕入居中央，掌握政權。但劉裕是粗人，"不為名士所歸"，沒有名士，就欠了輿論，也沒有了支持，所以劉裕北伐之時，"在廷之臣，無有為劉裕腹心者"。因此，劉裕雖然滅了後秦，卻一直有後顧之憂。當時，北方在前秦亡後，四分五裂，並無強大敵手，所以劉裕若能從容佔據長安來經營北方，滅了夏，則在南北朝分立之初，海內有統一之望，歷史改寫，中國免了170年的分裂。呂思勉論曰："舊時的英雄，大抵未嘗學問，個人權勢意氣之爭，重於為國為民之念，以致同時並起，資望相等的人物，往往不能相容，而要互相剪滅這個實在使人才受到一個很大的損失。"劉裕亦如此，滅了後秦，同起義的同僚，都被剪盡，可信在朝廷之人，卻突然死了，不得不退兵，結果長安為夏的赫連勃勃所佔，"內部的矛盾，影響到對外"是深刻極了。到當下，企業挑選接班人亦莫非如此。人才去盡，只餘一人，業績又怎能不受影響，當事人愈強為害愈大。

學貴族讀《左傳》

話説土豪們要玩 upgrade，追求"低調的奢華"和"貴族文化"，卻不得其法，筆者建議由《左傳》入手。春秋時代，是中國古代貴族文化發展到"一種極優美、極高尚、極細膩雅致的時代。"當時的貴族，"對人生有一個清晰和健康的看法"，不會一天到晚想移民、移錢、移子女於異邦，惶惶不可終日。

所以不想當土豪，首先由"人生的看法"裏入手，而不是想入"富豪榜"。春秋貴族們，見識淵博，人格完備，嘉言懿行，幾乎幾個稍有名的國度裏，都有極可敬仰的人物，隨便一些官員如鄭子產、西門豹、晏嬰、晉叔向；遊士如魯仲連；不必説孔子了，甚至在戰爭中、外交上，貴族們都能"文雅風流"。

戰爭中，不失"重人道，講禮貌，守信讓"，當時往往有賦一首詩，寫一封信，而解決了政治上之絕大糾紛，辭令之妙，更為後世稱羨，哪有如二十一世紀的"G8 變 G7"，變得如此硬硼硼，這是貴族文化上的修養和了解。

春秋時代的國際間，雖不斷的兵戎相見，但大體上仍是"重和平，守信義"，哪有如現代的"背信棄義"，推翻前説如翻書。春秋時代的國際間的和平團結，持續有二百年之久，而當時的國際公法，亦極為高明可貴。一部《左傳》記載了列國的國君和卿大夫私生活，和他們相互間的交涉，不論內政外交均在其中，當然貴族最後沒落，而貴族的問題在於"不恤民情"，役使民力逾量，最好的例子是秦始皇，建長城、阿房宮，而貴族由平民取代，是歷史的必然。

改進中善處反動

北魏孝文帝全面漢化，遷都洛陽，時年二十九歲，可惜短命，五年後就死，得年三十四歲；若是長命，統一南北當在北魏。但孝文帝死後，鮮卑貴族並不能繼續改進，並急速腐化，乃致亡國。錢穆結論是："凡歷史上有一番改進，往往有一度反動，不能因反動而歸咎於改進本身，然亦須在改進中能善處反動方妙。"孝文帝的改進是對的，後來反動而亡國，怪不得孝文帝，不改進可能更早滅亡。"改進中善處反動"是後世必要醒覺的。到北宋宋神宗王安石的變法，當然也是改進，改進的必備條件是宋神宗"充分授權"，古代稱為"非常相權"。王安石是"得君行道"，君是奮發有為之君，臣是生氣勃勃之臣，但敵不過傳統勢力，而傳統勢力本身又全無新計，這是北宋不得不亡之故。

這段時間，唐宋八大家中的"宋六家"全部上台演出，但文章寫得好，不表示管理就好，這是後人最大的誤會。唐代之衰，亦是"詩賦日工，吏治日壞"，李白杜甫亦非管理良才也，後人責難王安石開權相之惡例，所以其後有宋徽宗時的蔡京、宋高宗時的秦檜、宋寧宗時的韓侂冑、宋理宗時的史彌遠和賈似道，都是權臣專政。秦檜和賈似道更列入奸相行列，秦檜獨相十五年，其間輪流用了二十八名執政，皆世無一譽，誰又記得起呢？秦檜主和，亦可算"一以貫之"，當時沒有漢奸一詞（漢奸始於雍正朝），但中國人自秦檜之後，竟認為對外言和為正義公論所不容，明亡亦由此，秦檜之罪可延至二十一世紀！

培養情趣　提高境界

錢穆在《讀書與做人》一文中指導後學的八字真言是"培養情趣，提高境界"，讀書要讀哪種書呢？那要"由千百萬人中選出，經得起時間考驗，而能保留至今"的書才有用。看"暢銷書榜"不如無榜，最少也要經幾十年仍流傳的作者，才能達到"人生境界高，情味深"，才可以做榜樣。

這一點另一位歷史學家呂思勉亦有相近的看法，他說："近人所著的書，非不條理分明，語言朗暢，而且都站在現在的立場上說話，絕無背時之病。"所以每個作者都有其"懸疑的讀者群"，大都是普通人，標準較低。於是乎極精深的見解，在不知不覺之間，便被捨棄。終身讀這些書，便無機會和最大思想家的最高思想接觸。所以有些古人著的書，只求藏之名山，並不多求普通人的了解，故以"內容雖極駁雜，而精神處自不可掩"。

錢穆和呂思勉一代，仍可看中國古文並無問題，到了二十一世紀，他們的文字亦變古了，他們一代如梁漱溟、錢鍾書、林語堂、楊絳，寫的是較早期的白話文，仍是十分精練。如錢鍾書談人生，要有"精神煉金術"，"使肉體痛苦都變成快樂的資料"，把"忍受變為享受"；林語堂的"人生不完美是常態"；楊絳的"人生最曼妙的風景"，竟是"內心的淡定和從容"。梁漱溟談人生的修練最高境界如鬥雞的呆頭呆腦，不動聲色，身懷絕技"秘不示人"，入鬥場才會"所向披靡"。

近人談讀書，有高希均所說："人生終點，不是死亡，而是與書絕緣的那一刻。"醒世歌中言："頃刻一聲鑼鼓歇，不知何處是家鄉。"還是讀書好！

理想與人才

錢穆分析西晉統一後 12 年即亂，52 年即亡，只因兩點：一是沒有光明的理想為指導；二是貴族家庭之腐化，無良好教育，至多三四傳，子孫即愚昧庸弱。但光有光明高遠的理想，是否就能成功呢？

不是。到北宋就有王安石新政的例子，王安石新政的理想有三：一、"保甲法"為本，"兵農合一，武裝自衛"的社會；二、方田、青苗、均輸、市易法是為造成"裁抑兼併，上下俱足"的社會；三、興學校、改科舉則是求"開明合理，教育普及"的社會。王安石的新法之後，還有"新學"，即其註"詩書禮"三經，謂之"三經新義"，是後來南宋朱熹的《四書集註》的正版，筆者等在五十年前還是要苦讀的。王安石要讀書人"不憑註疏，不局法令"，可以自由發揮，而達到“人才自出，治道自舉”。但王安石的新法不敵反對派，否則科舉制在北宋已廢，又怎會流毒五百年，造成中國十九世紀之弱。

王安石新政，亦代表中國南北經濟文化轉動的應有現象，王安石代表南方的開新與激進，司馬光舊派則代表北方的傳統與穩健；而王安石新法恰似對南方人特別有利，而對北方人特別有害。北方人中又分了三派，程顥的洛派、司馬光弟子群的朔派和蘇東坡的蜀派。程顥本來支持王安石，終因王安石“拒絕言路，進用柔佞之人”來執行新法。到王安石雖走，但用的人仍在，如蔡京仍為司馬光重用，程顥感歎“不患法度之不立，而患人材之不成，雖有良法美意，孰與行之。”所以高遠理想如無執行之人，一樣敗亡，歷史之鑒也！

中國文學最高境界

錢穆在《中國文學史》中談到：“今日青年應能看兩千年前的國文，又應能看五十年前的英文書，才合水準。”可見六十年前的新亞書院已是中文英文並重，那兩千年前的國文是哪些呢？

錢穆是極端勤力讀書的人，今日已很難學到了，只能依賴錢穆指導的一流書籍。錢穆在書中說“屈原、杜甫可說已達到中國文學最高境界，而陶淵明則較次。”所以《楚辭》是重要的，最少要知道《楚辭》中的“兮”字是楚音，是“啊”的意思。項羽是楚人，所以“力拔山兮氣蓋世”，劉邦亦是楚人，所以“大風起兮雲飛揚”，韓信也是楚人，卻沒有留下甚麼。楚國在漢水流域，所以楚漢之爭，亦不過是南方人自中原取得天下，讀文學才知歷史。

錢穆又說，中國文學家中兩大人物，“一位是屈原，他解答了文學與道德的問題”，“一位是司馬遷，他解答了文學與歷史能否合流的問題”。司馬遷的《史記》，是一部極嚴格的史學，且具有極高的文學價值。司馬遷是具備“史才、史學、史識、史德”四者於一身的史學家；又是文學家，“寫人物分析得極為詳盡,批判卻極之簡明",這是兩千年來寫文章的秘笈,筆者知之久矣,學而不足。

錢穆專門研究"天人合一",論文學亦講"文學與人生合一,杜甫的詩不超脫,李白超脫得多了,但杜詩都是人生實用的,境界尚高於莊子(莊子只是哲學家)","今日人們陷落於物質生活中,已不出人才了",這是書中原話。司馬遷《報任安書》提到,好文章大概是"人意有所鬱結,不得通其道",才會產生,今人太舒服了。

家教與門風

北京兩位教授不約而同在電視上談起"家教與門風",人格的培養,靠家風而不能靠學校,歷史上本就如此。但自從流行小家庭,一家只得三四口,古來家風,早已在百年前被一聲"封建禮教"所封殺,落得今日如此。"港女大鬧台灣",也不過是冰山一角。

"家教與門風"來自東漢末年,盛於魏晉南北朝,門第精神是魏晉南北朝的立國主柱,維持了四百年。門第主人就是名士,雖不通世務,卻善得家門。名士清談,放情肆志,但內部自有家教門風,子弟不得不守。其來源是東漢"名教禮法"的傳統,但任何門風都有衰敗之日,清末被罵的"封建禮教"就是變種,原因亦是"富二代"、"貴二代"的出現。

以南朝為例,南朝的王室,在富貴家庭長養起來,"但並非門第,無文化的承襲"(錢穆語),這些人只染到名士的"放情肆志",卻沒有名士的"家教與門風",變成"放情胡鬧"。王徽之的行為是雪夜訪友,興奮而返,沒見戴安道;齊朝東昏侯行之,則是"通宵捕鼠",王徽之有"排門看竹"的雅事,看好竹盡而去。宋後廢帝,無知識,無修養,則到新安寺偷狗烹食,喝醉回宮遇弒,死得不明不白。論家教門風的始祖,據說是顏回的後代、南北朝的顏之推所寫的《顏氏家訓》,寫盡當時的醜事為訓,但無論如何,能令子弟"明辨是非"，已是功德無量。

　　錢穆在 1971 年的演講中，已感歎"家庭不教子弟，送給學校；學校也不教學生，一任其自由；故只能讓學生學而不能與的一種教"，乃人類之大患，於今猶烈。

再論家教與門風

　　據説北京一家幼兒園的負責人感歎，辛勞工作的結果是"五加二等於零"，苦心教導幼兒們五天，才教得一些紀律，但一旦回家二天，週末回來，紀律全無，可見在家的放任，要受訓的是父母們，不要怪老師了！怪教育負責人，更是太遙遠了。歷史的借鑒，怕是效法魏晉南北朝時代的門第的"家教與門風"，在魏晉南北朝時代的門第，"能保泰持盈達數百年之久"。

　　"能使閨門雍睦、子弟循謹，維持此門戶於不衰。"（《國史大綱》）"當時極重家教門風，孝悌婦德，皆從西漢儒學傳來"，所以這些門第非但詩文藝術，經史著述，都有可觀，即使"品高德潔，堪稱中國史上第一、第二流人物，亦復多有"（錢穆語），所以門第之在當時，無論在南朝還是北朝，有如"亂流中島嶼散列，黑夜中燈炬閃耀"，在北方能同化五胡，在南方能"宏擴斯文"，功不可沒，而不能謂之變相封建勢力，或者莊老虛無清談。這一段歷史，講究"家教門風"的人要好好研究，但在歷史上非但門第，既使廣大而散漫的農村，亦有其家教，最簡潔是"舉頭三尺有神明"，農民的血液中有追求"天理"的因子，不能"傷天害理"是最簡潔的家風，"天地君親師"是必備的神位，加上滿天神佛，由關公到媽祖的崇拜，敬天畏地是自然的。拿現代都市的紅燈亮起，過不過馬路的規則來衡量農村來的人，是格格不入的，中國人西化已百年，家庭亦發展到核心小家庭，家教與門風亦早已失傳，"禮失求諸野，智亡在民間"，"五加二等於零"不能再成為新常態，父母醒來吧！

晚清民初歷史教訓

　　錢穆論晚清的歷史進程，認為康有為乃一局外之人，發動整個政局之改革，宗旨是"守舊不可，必當變法，緩變不可，必當速變，小變不可，必當全變。"但"連變，全變"，惟有革命，所以康有為此舉不啻為一種在野對於在朝的革命，所以，"戊戌政變"乃成為"辛亥革命之前驅"，前後亦不過13年。到辛亥革命，滿洲王室退位，但狹義部落政權的解體，其"長養遺留下的種種惡勢力，卻因舊政權的解體而潰決，有待逐步收拾和逐步清滌"。所以辛亥革命只是中國民眾一種新的艱苦工作的開始而非完成。

　　錢穆的觀察："舊政權解體後緊接的現象，便是舊、黑暗腐敗勢力的轉見抬頭，而新力量無法加以統制"，這種觀察百年後仍有效。當時袁世凱鴻運當頭，乃做皇帝而終致失敗，否則他當其總統而無人可以推他下台，雖然他會不會早死誰也不知（那是家族遺傳），而康有為亦誤認此狀態之意義，參加宣統復辟，晚節不保，否則不失為一大文學家和書法家。所以民初的政局，在這兩次動盪中更惶惑，而舊勢力更猖獗，孫中山亦無符。

　　這種黑暗舊勢力是甚麼，錢穆指出是各省軍閥割據，遠因是元明以來的行省制度的流弊。當時全國各地軍隊有200萬人以上，超過清末三倍，兵變內亂成為常態，而軍閥私生活不堪言狀，一人納姬妾四五十人之多，一切問題皆於鴉片煙、麻雀牌之間進行，"全國無所謂中央政治，無所謂軌道，用人無所謂標準"，黑暗過殘唐五代，真使得人驚！

引典故而知現代士

　　錢穆在《國史大綱》中，認為治中國史所必須注意的是："中國史之演進，乃由士之一階層為之主持與領導"，而在中國歷史各階段中，士之本身地位及其活動內容與其對外態勢各不同，中國歷史演進，亦隨之有種種不同。

　　士如何定義呢？書中提出"知識分子"、"士大夫"、"讀書人"、"隱士"

（無意做官的讀書人）、"遊士"、"門第子弟"、"農村儒學家"，但自宋以後的士，"皆由科舉發跡，進而出仕，退而為師，其本身都係一白衣，一秀才。"直到清末廢科舉，興學校，教育普及，人人皆讀書，但不是人人可為官。現代的士，又如何定義呢？士是否再是主持和領導社會的人呢？

錢穆對宋代士大夫最推崇的是范仲淹，名言是："士當先天下之憂而憂，後天下之樂而樂。"代表是北宋開國八十年後，慶曆期間的"時代精神"，"早已隱藏在同時人的心中，而范仲淹正式呼喚出來"，這亦是范仲淹的偉大處，錢穆指出范的同代人戚同文即是。

宋朝變法，乃由王室主動，宋仁宗和宋神宗即是例子，范仲淹的十事疏的前四項是澄清吏治："明黜陟，抑僥倖，精貢舉，興學校，黜詞賦，擇官長。"，目標是"讓賢能者上升，不肖者下退"。但宋朝開國百年，種種優容士大夫，造成了讀書人的特有權利。范仲淹從頭把他推翻，天下成千成萬的官僚乃至秀才們，沒有多少能"以天下為己任"，亦沒有幾個能"先天下而憂，後天下而樂"，群起反對，"仕子恩薄，磨勘法密，僥倖者不便"，本是管理之好事，但范只能倉皇而去，亦是有命無運。

2 人生路向和素養

自我管理的覺悟

三十歲後，筆者自我管理的座右銘是"調養怒中氣，提防順口言，留心忙裏錯，愛惜有時錢。"十年下來記賬，血壓高了多少，人得罪了多少個，錯事多少件，有沒有理性消費，心裏有數，將來還吧，但事功總算有進展。

四十歲後，在美國、台灣、法國工作十年，是事業的高峰，才悟出凡事急不來，只有"事緩則圓"。在大組織裏，推行決策，進行改革都是急不得，要事情圓滿，只能從緩從寬，不能令對手"狗急跳牆"，兩敗俱傷。十年後，平安渡過。

五十歲後，企業階梯懂得上，曉得下，下台的背影，要過得去，就要有心理準備，這時得力於錢穆大師的書籍，多看《諸葛亮全集》，才知五十四歲的諸葛亮留給兒子的《誡子書》，全文 86 字："夫君子之行，靜以修身，儉以養德，非澹泊無以明志，非寧靜無以致遠。夫學須靜也，才須學也，非學無以廣才，非志無以成學，淫慢則不能勵精，險躁則不能冶性，年與時馳，意與日去，遂成枯落，多不接世，悲守窮廬，將復何及。"

明白澹泊寧靜，五十歲也不遲，後面還有三四十年，諸葛亮也是臨危才悟出。諸葛亮 27 歲出山，幹了 27 年，也就成就了功業，但沒有注意健康，"遂成枯落"是現代人應該注意的，淫慢險躁是修身之大忌。

一入江湖，就無從澹泊寧靜，惟有"樂退"一途，才是正途。六十歲樂退於江湖，最樂無過於重溫世界歷史，不論中外都可研究，也沒有休止。錢穆到九十六歲悟出"天人合一"的最終理論，天下去得也。

工匠精神的追求

　　"工匠精神"在德國日本流行，但在中國從未抬頭，原因是中國文化中的士農工商的角色，萬般皆下品，惟有讀書高，大家搶着當士，當不了士也當農去也，雖然也有"遺子千金，不如傳子一技"，但學藝亦非易事，"台上一分鐘，台下十年功"，要苦練。

　　古今的父親，在三心上大都不能均衡。三心者"愛心、耐心和狠心"，"愛心爆棚，耐心不足，狠心欠奉"，教子例必失敗。所以古人也有"易子而教"，但讀書可以易子，工藝沒得易。自古以來，多少雕刻、木工、陶藝、鍛造的精品，作者都不名，唯一留名是替朱元璋做磚頭建墓的磚工，但是用來日後出事追究之用，再加上為求保密，傳子不傳婿，多少工匠有精益求精的精神，也傳不下去。

　　日本也自江戶時代有了士農工商，但等級不分明，很多木匠是來自中國、朝鮮的專家，總算有點江湖地位，所以很多手藝人列為今日的日本國寶級人物，有此尊崇乃有"工匠精神"的存續。德國人沒有此階級觀念，文化中有做事認真的內涵，所以"工匠精神"亦存在，而"工匠精神"又恰和工業革命的量產相反，只有奢侈品和精細工具才能支持此精神，大企業不可能，所以惟有大量中小企的存在，不追求長成，不追求大利，才有精品。

　　日本人口 1.27 億，中小企 70 萬家，佔全部企業 99.5%；德國人口 8000 萬，中小企有 37 萬家，亦佔全部企業 99.3%。如今經濟停滯，百年老店的工匠們，亦面臨關門壓力，中國要重溫"工匠精神"，先看"三心"！

人生六個隨

　　龜兔競跑，誰贏在起跑線，誰贏在終點線，不是很清楚嗎？但年輕的家長總是不明白，人生是萬呎競跑，需要的是耐力，正如錢鍾書夫人楊絳女士所言，小孩須啟發的是上進心，有學習自覺性，會不斷完善自己，其他都是無用的知識，與人生關係不大。當父母是言傳不如身教，自己做不到，不要希望子女看不見，現代小孩觀察力強得很，小孩子大約都是少時貪玩，青年時談情説愛，精力就是如此耗費了。

　　贏在起跑線，為的也是壯年時名成利就而已。生來富貴，一切都在安排之中，甚至婚姻也是如此，到了暮年，才發現一切只是緣，"緣聚則生，緣盡則滅"，雖説是佛教語，但並不被動，而是一種心態。

　　人生有"六個隨"，最普遍是"隨遇而安"，儒家"定靜安慮得"，安只得第三步，更高境界是"隨緣而適"，管理學家都強調員工的"適應力"，就是這個"適"字。所以要"調職、升職、降職、離職"，都是一個緣，與起跑線半點關係都沒有，只是與崗位緣盡而已，所以能"隨分做事"、"隨人相處"、"隨理説話"，都是職場相處之道，惟有如此才能"隨心自在"。楊絳女士 104 歲去世，百年觀察，也只是"知足常樂"，來得"淡定和從容"，所以要小孩子 18 個月就上課去了，最大收穫只是得到傳染病，班上小孩互傳，比不上學的孩子更苦。"光明的理想"和"良好教育"在中國歷史上，都是家傳居多，靠學校較少，只是現代父母以"搵食"為藉口，放棄了自己的責任，一切隨緣，這個緣怕也要修煉呢！

人生五老説老豐

筆者曾談到管理人生"四老"："老伴，老友，老本，老康"是人生第三階段的要素，要比一般用來作幸福指數的"壽算"（Life Expectancy）為準確。

長壽是否幸福，人言人殊，"帶病延年"式的長壽，除了令自己苦，家人更苦，變成"壽則多辱"。何以多辱？因為可能"失能、失智、失憶"，從而導致失親、失伴、失友。長壽而不能生活自理，變成家人負累，天下第一苦，又只能對自己説，所以"老康"或"康壽"，是勝於"長壽"。

據北大一位人口學教授所言，超過 60% 的中國老人是帶病生存，屬於"失敗的長壽"，但到老誰沒有些小病。世界各地的紀錄不知如何，北大教授提出"豐壽"一詞，筆者覺得有理，人生四老，應改為五老，加上"老豐"，指老來而有"壽命的豐度"。古語大概指為有"大德者"，比"大師"更勝一籌，"有大德者，必有其壽，必有其名，必有其位。"或者説："非老年不成大德，非大德不到老年"。

"老有大成，老有大德"，才是人生第三階段的目標，老豐可以有四個角度，其一強度（Intensity），健康而有生命力，逍遙的生活方式；其二高度，人格胸襟高大，活得有尊嚴；其三寬度，人生經歷廣闊，老有所為；其四深度，有生命的意義，有存在的價值，四者皆有，是之為豐。渾渾噩噩過人生第三階段最無意義，不是放下工作就無事可幹，那是第二階段就要準備的。筆者過了第三階段一半，只知有無限的書可讀，有無盡的地方可遊，還要維持無窮的趣味，還可以有貢獻，有給予其豐無比。

世間真樂只有三

40 歲前讀明末性靈派高人袁宏道的《答林下先生》一文，論真樂有五，即使「家道隆崇，百無一闕，歲月如花」，也未必真樂。

袁宏道的五樂理論簡言之：一是極世間的"色、聲、安、談"；二是賓客滿席，音樂伴奏，美飲、美酒、美人俱全；三是藏珍異書萬卷，同心友十餘人，成一代未竟之書；四是千金買舟，知己數人，泛家浮宅，不知老之將至，今之坐郵輪也；五是破產之後，仍"托缽歌妓之院，分餐孤老之盤"，恬不為怪。

當時覺得，袁中郎無退休計劃，不知如何保本，但袁宏道認為"求田問舍，挨排度日"，是世間最不緊要人，但世間又有多少人能"摒絕塵慮，妻山侶石"，能"放情極意"，盡情在年青時享受頭四項真樂，就算不錯了。

細看真樂的條件，袁宏道其實暗指必須有"同心友十餘人"，"知己數人"，口談亦需談友數人，讌遊飲食亦要"賓客滿席"，真樂沒有老友是不成的。袁宏道所言的真樂只能在壯年為之，不知老來如何。

60 歲後再讀此文，倒想知道袁宏道的婚姻狀態，子孫若何，年過花甲，古來亦稀。第一真樂，如吾友所言，天倫之樂也。古人三代共堂，今人能三代同城就不錯了，偶爾子孫同樂，亦為時不多，能不享受？第二樂乃與同心友和知己共談，今之謂"吹水"，地點可在家中，亦可坐郵輪環遊世界。

口極世間之談，亦要有談資，真樂之三乃助人之樂，不必當聖賢，亦可盡其綿力，有餘力方能助人，但一切皆以身體健康的準則，袁宏道的第二樂，有反效果！

人生五行不易保

老醫師跟筆者説，人類本可活到 130 歲，但種種原因不易達到，就以 90 歲為目標好了。

據近年的數據，人在大陸，50 至 60 歲的能活到 90 歲，大概平均 200 人有 1.2 人；60 至 70 歲的能活到 90 歲，平均 100 人有 1.2 人；70 至 80 歲的則 10 人有 1 人可以活到 90 歲。人們可以做的是好好休養，因為 40% 靠 DNA，60% 靠生活方式，人生在工作時也就是最無奈的無法保持 " 人生五行 " 吧！

五行者：一曰良好心態；二曰充足睡眠；三曰適量運動；四曰合理膳食；五曰科學飲水。

工作時代最難修五行，捱更抵夜，晚晚通頂，自恃年輕力壯，其實已傷五臟六腑，保持了外貌似年輕，經不起超 B 一照，原形畢露，外貌年齡和五臟年齡不是一回事。

良好心態和職業心態是天敵，只有退下職場，很多毛病自動修正，知易行難，合理膳食，戒煙限酒，正確飲食時間，如何在晚上 7 時前用畢晚膳，在香港幾乎是無可能。運動養生和運動傷害亦是陰陽兩面，職業運動員的壽命有多長，沒有人做研究，到中老年，能做到輕微發汗，幫助排毒就好，最重要是身體能平衡，能閉目單足立 10 秒就是最好的檢驗，不必跑馬拉松。

科學化飲水，而不是覺得口渴才飲，才是科學化。平日水不離身，有好水質固然好，但只要令水減少無謂的細菌，也就將就點了。據稱九成的人都不會飲水，因為自家庭到學校都無人教，早晚八杯，常溫較好，但一忙就忘了的人太多了。

仁者無敵

春秋時代，五霸輪流做莊，每次上位都會開聯合大會，所以天下還有點安定。到了戰國已是群龍無首，沒有人話得事，國際間是冤冤相報何時了，循環報復是主流思想，延綿了 250 年。

到二十一世紀，中東的戰國現象已過了百年，尚未見有曙光，戰國雖謂七雄，但只有秦楚齊較強，其他只是二流，有點像今日的沙特、伊朗和埃及，其他四雄，本來魏國尚有點機會，魏文侯和魏武侯能用子夏（孔子七十二弟子之一）和西門豹這等人物，有點實力，但傳到第三代的魏惠王，有商鞅來投而不識貨，結果商鞅投了秦孝公。

商鞅變法，秦國強盛，商鞅最後被新君秦惠文王所殺，但“商君雖死，商法未亡”，最後才有秦始皇統一六國。不能說商鞅變法失敗，商鞅也是歷史上“事業成功，做人失敗”的一類，被秦朝宗室痛恨而五馬分屍，但強秦是成功的。

至於梁惠王不識貨，是他的損失，但梁惠王還是希望重金收攬人才，人才亦來了，鄒衍、淳于髡、孟子都來了，這時的魏國東敗於齊，龐涓和孫臏這兩位鬼谷子門徒大鬥法，結果龐涓死於亂箭之下，梁惠王連長子都死了，所以才有後來孟子見梁襄王，“望之不似人君”的評論。魏國還“西喪地於秦七百里”，不用商鞅的後果，梁惠王急於雪恥圖強，要驟強的方法，孟老夫子只能提出“仁者無敵，王請勿疑”，其實梁惠王此時已在位五十年，離死不遠，哪有心機聽孔孟之道。

生活質素因文化而異

　　讀 Mercer 的生活質素城市排名榜，據稱是用安全、醫療、學校、娛樂、環境、公共服務和消費品等多項因素來比較，結果是維也納這個 170 萬人口的城市得第一。用這個方法，大城市無可能入圍，應該另外排名。金融中心亦無法入圍，且看紐約和東京同排在 44，倫敦 39、巴黎 57、香港 70、杜拜 75，最高的新加坡亦只能排在 26。所有金融中心都不入前 25 名，當外派人員真苦，拿多點津貼，也是應該的。

　　用筆者曾居住過和工作過的城市來排，溫哥華 5、多倫多 15、卡加里 32，都在加拿大；巴黎 37、紐約 44、香港 70、台北 84、上海 101。大陸無一城市入百名以內，生活質素有那麼差嗎？文化差異自然最大，不看京劇、不看中文電影《美人魚》，不看電視劇《琅琊榜》的老外，怎會有娛樂。這點台灣人亦未能享受到。無疑在奧地利歌劇是一流享受，這是一個連賣黃牛票的人都穿得比入場人士好的城市，甜品蛋糕咖啡都是一流享受，但最後亦未免太甜，中年以上不宜了。奧地利亦極開放，連酒店的桑拿區也是男女齊齊裸浴，只是對近視者無分別。當然生活絕不便宜，對發展中國家人士，可遊不可留。印度可能在生活質素追上來嗎？還早。孟買排名 152，前面還有大陸的北京 118、廣州 119、南京、深圳齊在 137、重慶 146、青島 147。巴黎因二次恐襲事件而下跌，香港亦因佔中而下跌，此次排名時旺角還未出事，明年排名可以再跌，對外派人員而言，多點津貼更佳！

生於憂患　死於安樂

　　説到東西文化調合，要西方人明白"天人合一"十分難，甚至"生於憂患，死於安樂"亦是同樣有困難，西方社會太安逸，太閒適了，東西方社會一百年來，剛剛換了位置，西方的價值觀統一了，也衰落了。看看 1975 年，G7 成立，七國的 GDP 是全球的 70%，加上軍力政治力，和控制各大國際機構如 IMF 世銀，G7 確是主導了一切遊戲規則。到了 G8，經濟控制力增加不多，只是建立一個以七敵一的平台，終有一方説不玩了，沒有甚麼稀奇。日後換了人，又再玩過，但 G7 的 GDP 到 2013 年只是全球的 40%，2030 年更會降至30%，人們只看 G20 達成甚麼協議，G7 只能自己開會，給 NGO 抗議而已。

　　G8 是散了，但問題未消失，能源外，還有敍利亞、伊朗、阿富汗、朝鮮、北極的問題，都不能沒有俄國，拒絕溝通，世界只會停頓。烏克蘭是一個經濟難題，4500 萬的人口，比希臘大得多，350 億美元的赤字如何埋單，美國只願出 10 億美元，就想解決嗎？其他 IMF 能出那麼多嗎？單是欠俄國的能源債，就是 20 億美元。烏克蘭除了入口能源，一年出口也有 25% 是去俄國的，今後如何，出口到歐盟嗎？信用評級又如何？三大評級機構，又會看美國面子嗎？

　　歐盟 28 國，6 個靠俄國天然氣供應是 100%，另外 12 個依賴率是 50%，G7 可以制裁，歐盟那 18 個是否也能減少依賴，遠水救不了近火，18 個是殃及池魚，是不是又要抗議呢？

神仙夢與健康夢

中環老友頓悟，除了身心健康，其他一切都是空，收入、名氣、職位、財富，只是年青人的事，所以 82 歲的稻盛和夫要燃燒日本人的鬥魂，其實也限於年輕人和壯年人，人生半百，一切俱空，不檢討生活狀態，只是自誤。

醫生朋友早就說過，晚上 7 時後才吃晚飯，膽固醇高了就怨不了人；晚上 11 時不睡，五臟六腑俱傷，這是簡單的現實。本地人晚上 11 時才開始填肚，何以壽算又到 82 歲，是生命的奇蹟。"做了皇帝想升仙"是古代人就想的，今人是做了 CEO 才想做神仙，拚命過度後就難了。不過，"取法乎上，得乎其中，取法其中，得乎其下"。所以發"健康夢"，只得"亞健康"，做"神仙夢"，也許才得真健康。

南懷瑾活到 94 歲，據稱是修道的，道家秘方"欲得長生，腸中當清，欲得不死，腸中無滓"，是古代"神仙家"的辟谷練氣的最高指導。當然不要誤會，辟谷不是絕食，那是餓死而已。辟谷養生是道家秘方，有專業素養，要拜師修煉的。

中環人士當然不會上終南山學藝的，有介紹道家修身，要唸經、修德和學藝三部曲，那可要早上六時半就開始唸道家的經，晚睡的人還在黃龍高臥呢？俗家弟子做不到，一位中醫師介紹，可讀五經，《道德經》外，還可唸《論語》、《易經》、《六祖壇經》、《黃帝內經》。老實說，都是難唸的經，考的是耐性。這位醫師說，就算"反覆唸第一篇第一段"，長期堅持，必有收穫。為了健康，踏出第一步是必要的，修德學藝那就是基本功了。

幸福婚姻和人生功德

　　大陸由結婚離婚都要組織批准，到今日的閃婚閃離的日子，沒有多少年，可見世事的易變，而到民政局辦理離婚，工本費 9 元，AA 制每人 4.5 元，真是沒有機會成本，只要雙方同意"性格不合"，就離了吧，重新再追尋幸福婚姻去也。

　　西方專家說，幸福婚姻三大準則是準時、整潔和節儉。遲到大王、污糟貓和大手大腳，都不是結婚的對象，要婚後改變伴侶的習慣，是愚人之事，事實二三十年養成的習慣，也是二三十年才改得了，正如累積膽固醇一樣。幸福婚姻最重要其實不是這三點，而是價值觀的認同，凡事都要吵，必無幸福，能忍更悲慘，多少人忍出癌細胞滋生而不自知。對方有強大的企圖心是不是好事？唐詩云："悔教夫婿覓封侯"，你說是好事嗎？雄心壯志的副作用是焦慮感，睡覺磨牙和手執拳頭，是很容易看出，睡得像個嬰兒，嬰兒睡裏還會哭呢！

　　西方標準是年青人一定要名利雙收，不能富有也要出名，諸葛亮的"淡泊明志，寧靜致遠"沒有市場，但西方人，人到四十就走下坡路了。一般現象是厭倦同一份工作，孩子開始反叛，伴侶不如己意，同時意識此生不可能發達，也不可能出名，只是一個普通人吧。婚姻怎麼辦，成熟面對當年的雄心壯志，最怕是連起步也不成。西方社會，年輕人大量失業，甚至如日本成為"派遣族"，此生休矣！不是人人有機會"鞠躬盡瘁，死而後已"，所以還是淡泊吧，享受家庭生活，管理好自己的孩子，已是人生大功德！

五中俱燃的局面

　　國有國運，南懷瑾判定，中國丁卯轉運，歲在 1987，歷史的轉機，過去四分之一世紀，中國三大劫，都被地球另一方的事件所化解了。

　　1989 年 "六四" 後，美國帶領西方制裁，但 1991 年海灣戰爭爆發，注意力移轉了。FDI 排隊入華，2001 年小布殊擺明車馬遏制中國，但 "九一一" 發生了，美國出兵打伊拉克、阿富汗，無暇理會中國，帶來中國黃金十年。2009 年，輪到女強人希拉莉出招，重返亞洲，發動日本、菲律賓、越南當攔路虎，但 2014 年，中東歐出事，俄國重新崛起，美國又要同時面對兩個假想敵，功力大減。

　　美國精英們得意太久了。1991 年蘇聯解體，美國精英更得意忘形，凡事不盡全力，只得一個驕字，凡事為所欲為，既不顧全球各地局勢的特點，更不理會民族特點和文化傳統，累積了四分之一世紀。時至今日，奧巴馬 "五內俱焚"，因為 "五中" 俱燃了，最大問題是 11 月的中期選舉，敗象已呈，只能以中國為攻擊對象，所以 6 月至 11 月的攻華言論，一定好熱鬧，但中東歐危局仍在，烏克蘭問題不會一時消退。中東棋局中的以巴之爭不可能了，而伊朗和解是表象。中亞腹地，要退出阿富汗，地區更不可控。美國精英看來有些疲乏了，對事態估計不足，應變能力又缺，所以行動曠日持久。歐洲既和俄國緩和，已不需 NATO 保護了，小兄弟們搞事好像很熱鬧，實際上是好無聊。除了 "五中" 問題繼續燃燒外，美國第一風險，還有股市。

沾沾自喜的虛妄

2014 年 4 月，美國人有兩個報告令他們很興奮，一是生產成本和中國只差 5% 了，二是中國貧富差距超過美國。

美國一向被稱為競爭力世界第一（香港第二），但卻退出了世界第一貿易國的寶座（德國已第一多年，才被中國取代）。美國勞工 30 年無人工加了，窮人日子很難過，卻説 "工資保持適度增長"，有無搞錯！在七成美國人都在憎恨自己那份工作的情況下，"勞動生產率持續提高" 也是一場夢。無疑，中國民眾薪資提高了，各種福利費用亦提高，但中國工人是最勤勞的，比美國的拉美裔勞工要有效率得多。加上二十一世紀的消費市場在亞洲而不在美洲，運輸成本怎麼計，這是顧問公司忘了計入去的，所以美國企業回歸本土，最後亦是一場夢。

至於堅尼係數，美國看到一個非正式統計的 0.55 的中國數字和美國自己的 0.43，當然沾沾自喜。但若從拙作《讀史觀世》所記錄，美國 Under Class 16%，Working Poor 13%，共 29%，是苦不堪言，要靠 Soup Kitchen 過活，朝不保夕，這是 Cheque to Cheque 的文化多年，只要失業，幾個月內儲蓄就用光。

如今有 50 多歲的女兒替丈夫回歸 70 多歲的母親家中去 "啃老"，最後被勒令三週搬走，理由是老母親長此下去，自己退休也不保，美國如今是 50 歲後高薪職位隨時不保，降價也沒人請。

中國農民再窮在農村也有自己的一片瓦，中國的養老傳統未逝去，只有都市人差些。在上海還有一碗素麵 6 元，茶葉蛋 1 元，美國就沒有。

嗜慾深　天機淺

　　台灣百歲老儒生前談長壽，談養生，只有兩條偏方，一是問心無愧，二是正心誠意；莊子說是“嗜慾深、天機淺。”重視飲食，單方是“原始人生活”：“無蟲的青菜不吃，洋玩意不吃，沒燒開的水不喝。”如今不用農藥的菜難買了，只有自己種，加拿大老友在陽台上種菜，連油也用牛油果擠的油，但牛油果油也算是洋玩意了，不要說那些含 Omega 3 的核桃油了，如此說連礦泉水也要燒開才安全。這位 103 歲的老人家，生前每天散步兩小時，頭一小時用腳尖來行，行時還背四書五經，因為自小已熟爛於胸，百歲時仍得，腦筋真好用。

　　回頭談“兩條偏方”，午夜夢迴，問心無愧，不難，沒有“標準”，甚麼都可以“無愧”，所以要“問心”，要“正心誠意”，這正是西方文化和東方文化相異之處。最近的“優良國家調查”，西方對中國在文化方面的評價在 125 國中只能排在 91，可見要西方人了解華夏文化之難。會講幾句中文的人，又如何知道甚麼是“天機”呢？要防止“嗜慾”，和如何防止“winner takes all”一般難，因為“全取”之後，就會“為所欲為”，親情友情，全拋腦後。中國文化講究求其“放失之心”，將心放在道上，西方人將心放在慾上，所以變成“慾”火焚心，終不得安寧，這是學習西方文化時，不得不小心之處。

　　老人又說，儒者，“人”之所“需”，人需要甚麼，就是儒家的道理，追求“理想”，也是慾之一。“嗜慾深、天機淺”這道理，不是人人都可以明白，很多人到老明白，也有終其一身也不明白的。

由依賴到心通意合之難

　　美國人向東盟發出警告，經濟上依賴中國是高風險的，這情況目前更適合的是南韓和台灣，日本則因政冷，依賴度已被南韓所取代了。但南韓學者卻指出，經濟上依賴中國是一種現實，過度恐懼對中國的依賴度，才是問題之所在，所以目前中韓經濟文化更上一層樓，恰是"風好正揚帆"。中韓的雙向貿易額 2742 億美元，居然超越了韓美、韓日和韓歐三區的雙向貿易總和，這應是亞洲區貿易的大趨勢。

　　隨便翻看一下台灣情況，中台的雙向貿易是 1972 億美元，居然也超過台美、台日、台歐雙向貿易的總和（1884 億美元），中國東盟雙向貿易的目標訂在 2020 年達 1 萬億美元，能不令美日和歐盟擔心嗎？

　　中國今後堅持的只是"睦鄰政策"，當然目前與日、菲、越三國的關係欠佳，但時間會改變一切，這三國總有換人的時候，不是安倍的民眾支持率在下降，不支持率已達四成了嗎？下一根稻草是日本民眾的消費額下降。

　　中國睦鄰要由民間做起，在網上看了習近平在南韓首爾大學的演講，以臨場反應來看，首爾大學生是十分畀面的，文膽寫得好是重要的，且看何時也到台大和中大演說一場，"敦親"一番。港台對大陸的經濟依賴度只會更大，但人心怕比不上南韓，習近平在首爾大學的演講，提到朴槿惠訪華時說："先做朋友，再做生意"。是先義後利，以義為利，大家要"以心相交"，"人民心通意合"，關係才會再上一層樓，"睦鄰"功夫到家了，"敦親"如何，可以發功了。

傳承五項要素

　　澳洲女首富宣佈不會將家族企業傳給子女，理由是他們欠缺“能力、知識、經驗、判斷力、負責的工作倫理”。這個決定是對的。

　　企業“所托非人”，只會走敗亡之路，美國首富畢非德一樣不肯傳給其兒子，也是因其沒有興趣及力有未逮。中國富不過三代，原因也是勉強傳子，卻沒有營造傳承的環境，不是人人可當 CEO，但卻偏偏多的是欠缺上述的五點要素的人，而最基本的應是“負責的工作倫理”，但過於安樂的環境，沒有早早醒覺的年輕人，基本上欠缺工作熱情、事業的野心、決策的信心和堅持的決心，一天到晚要築夢，父母不可插手，這是二十一世紀的代溝。上世紀的戰後嬰兒，也是自把自為，但工作環境艱辛，能有工作就好，沒有太多的美夢，即使不是興趣所在，也可以幹出一番事業。不知道澳洲女首富在培養子女過程中，是自由主義任其築夢，還是到公司上班，發覺沒有潛力，才傳賢不傳子。

　　要知道，即使令子女唸完 MBA，也只是傳承的起點，一步登天，只令他們缺乏基層的經驗，不體恤基層疾苦，是家族傳承失敗的歷史經驗。而唸 MBA 最普遍現象是：“不想追求真理，只想快快畢業，過於急功近利”，畢業後連基本功也缺乏，何來負責的工作倫理？能懶則懶，忙則忙透，閒則閒透，變成普遍現象之時，企業只能重組。

　　二十一世紀的工作環境是經驗不再重要，年輕就是力量，但判斷力仍是重要一環，與年齡關係不大，人才庫大變，才得人驚。

人生第三階段的選擇

　　法國人工作時間大都以巴黎為居住的首選，因為人生的第一第二階段的三大要素，教育職業和工作地點，巴黎都領先，但巴黎人在這兩個階段都花了大量時間去營建他們人生第三階段的居處，全部都是在巴黎以外，有的喜歡海邊，有些喜歡山居，不一而足。退休後就離開巴黎，偶爾回來看一場歌劇，坐 TGV 也是很方便的。

　　在中國，如今也是如此，高鐵已四通八達，工作時間可以在北、上、廣、深、津，這五大城市人口都在 1500 萬以上，樓價也高得可以，但收入亦可支持。紐約人要付出六成收入來付房租，五大城市的工作人還未到達這個水平。二線城市中的高速發展城市是第二選擇：杭州、昆明、廈門、福州、長沙，如今均位列全球 440 個城市中最高速發展的首 15 城市之一，樓價卻比五大要便宜，在 Location 中是不錯的選擇，但退休又如何，如今在第二階段的人都在考慮了，已經落腳在五大，而又置了業的，要考慮是醫療、物價、水源、氣候、生活品質、浪漫、環境、清潔等問題。可以提供考慮的二線城市十大排名是：成都（醫療），昆明（物價），大連（水資源），海口（房價），蘇州（詩情畫意），青島（空氣），煙台（生活品質），珠海（浪漫），廈門（環境），威海（乾淨），大家就各適其適，只要退休者能有生活自理能力，八十歲前都好辦，其後都看自己的修煉。

　　二十一世紀的老人再不享有兒孫滿堂，親友就近的狀態，日本老人已提供最差範例，和子女維持良好關係，在日本是很難的。

自我感覺良好

　　筆者第一次到台灣工作，到 2015 年剛好 40 年，由第二次到台灣工作，離開之際亦已是 20 年了，期間相識的老友們，四○後、五○後、六○後都有，都是台灣克勤敬業、文化素養極佳的一群，如今雖然仍有在打拼者，但亦垂垂老矣，陸續離開工作單位。

　　最近到台灣再敍，談到過去 20 年，台灣確實有點"迷失"，和前宗主國的日本相去不遠，不一樣的是台灣物價要比日本低廉得多，不談政治，還是可居的，但天下何處不是如此？台灣教授説，台灣人患上了"自我感覺良好"，不知出處如何，那可是美國文化，美國最能 Feeling Good About Doing Bad，加上有健忘症，乃有今日。這心態大概流行了四分之一世紀，不覺間傳入台灣。

　　試想由李登輝時代，台灣要搞"亞太營運中心""南向政策"，到馬英九時代要搞"自由經濟試驗區"，都是無疾而終，永遠是兩黨對決，但有反省嗎？沒有。民主制度市場機制和社會主義市場機制的對決，是大陸推出"一路一帶"、"亞投行"、"金磚銀行"，不到兩年就落實了。無疑，台灣人均 GDP（PPP 算）仍是大陸 3.6 倍，1995 年是 8.6 倍，但 2014 年，深圳人均 GDP 剛超過台灣，是不是視而不見呢？

　　台灣最自豪的是文化素養，大學 166 家，入學率 100%，但質素如何呢？為何那麼怕大陸來的尖子，要知道尖子中的尖子是去美國的！如今五○後六○後最不明白的是，為何下一代要追求日本文化中的"小確幸"，筆者説你們留下這麼多家產，青年又何必認真，除非敢"裸捐"吧！

三不的選擇

　　二十一世紀韓國出了第一位女總統朴槿惠，獨身人士，提出的是"親中友美"路線，在"和日"和"抵日"中作調息，最終仍會找到平衡點。經濟對手的台灣，在 2016 年亦首次選出一名女"總統"。台韓女性領導人有何共通處呢？答案是"獨身"。

　　台灣早已出了一位女"副總統"呂秀蓮，71 歲仍未引退，當年若阿扁因紅衫軍而下台，台灣早就出了一位女"總統"了，但沒有這命，也是枉然。

　　民進黨不乏獨身女性，還有 65 歲的高雄市市長陳菊，已經退黨的 57 歲名嘴陳文茜，如今當紅的黨主席蔡英文（60 歲），還有阿扁時代很紅的蕭美琴，前陸委會主委賴幸媛（59 歲），亦未聞另一半是誰。

　　在台灣從政，是否一定要單身呢？國民黨主席洪秀柱（67 歲）亦是單身；以前常提及的前"立委"李紀珠，是有名的國民黨之花，55 歲仍未婚，如今當台灣銀行董事長、銀行公會主席，亦是力壓群雄，但不從政了。另一位前"財長"劉憶如（60 歲），雖曾二婚，但如今亦是獨身。台灣政壇對女性是否不公呢？惟有獨身才能上位，是不是太苛了？對台灣民眾而言，個人魅力和親和力是重要因素，小馬哥在這兩點大失分。

　　蔡洪兩位又如何？女版小馬哥肯定不成！台灣"民主"已流為"投票"，"政治"則變為選舉。外交又如何？由小蔣的"不接觸，不談判，不妥協"的"三不"，到小馬哥"不統，不獨，不武"的"三不"，三十年間已變化很大，而中美日這三重關係，"親、友、和"三種關係作如何選擇，是兩位女士最重要手段，不能太模糊吧！

"安之若素"正反例子

　　《神鵰俠侶》中寫"安之若素"的例子是，一燈大師的弟子朱子柳被絕情谷主所擒，困於石室多日，仍有心情以指為筆，在石壁上作書遣懷，為楊過所見，到得救只是笑言："有朋自遠方來，不亦悅乎？"楊過見到朱子柳"臨難則恬然自得，遇救則淡然以嘻"，正是"安之若素"的胸襟。楊過自問遠遠不及。古人云："尋常禍福機轉，安之若素可也。"

　　筆者請老友逸凡刻章自勉，一而不足，還刻了兩枚來把玩，"恬然自得"困難，"淡然以嘻"亦不易，但銀海浮沉，一驚一乍，非此無以自保。

　　朱子柳助郭靖守襄陽，還得善終，但後代不能守"安之若素"的家風，數十年後出了《倚天屠龍記》中的朱長齡和女兒朱九真。朱長齡文才武功俱臻上乘，聰明機智算得是第一流的高手，本是崑崙山中一霸，號稱俠義世家，但為了得到"屠龍寶刀"，成為"武林至尊"，便毀家棄業，以"假造圖畫，焚燒巨宅，苦肉計"三招，騙張無忌一個十四歲小孩自動求他帶往冰火島，找尋謝遜行跡。朱九真更狠胎，要在取得屠龍刀後，一刀殺死張無忌這小鬼，反而朱長齡要"心地仁善，不失俠義家風"，只要把張無忌"雙目刺瞎，留在冰火島上"。可見所謂俠義，不過如此，真為朱子柳不值，何以後代如此不能"安之若素"。書中朱長齡捱了五年"平台生涯"，還是自己嵌身山洞之中，進退不得而死。朱九真則被蛛兒所殺。俠也是不過幾代而已！

企業內三代人

　　2015 年，戰後嬰兒 51 歲至 69 歲，陸續退出江湖，X 世代 35 至 50 歲，正式接班，要管理千禧一代（15 至 34 歲）。在工作態度方面，戰後嬰兒是工作狂，不必鞭策便成行；X 世代，做得勁亦玩得勁，做父母卻有不少狼爸虎媽，亦稱怪獸；千禧一代，凡事自有主見，X 世代所學的管理方法不管用，管不來只能自行執生，所以活得很苦。

　　西方社會，10 年前已出現“彼得潘症候群”，拒絕長大，對 X 世代所嚮往的五子〔房子、車子、妻子、兒子、票子（鈔票）〕興趣不大，喜歡參加“兒童夏令營”和玩“着色板”，在日本發展成“宅男”、“蟄居族”和“啃老族”，人口已達 100 萬，逃避成人世界，堅守“不上班，不上學和不見人”的三不。這批人如何會支持安倍的保安政治，去打仗，難矣哉。只能靠“憤青”，但“憤青”亦可能是只靠口講，這是戰後嬰兒和千禧一族的代溝。

　　專家又勸戰後嬰兒，好好學習新科技、新信念，其實戰後嬰兒早已被迫接受了“電郵、手機、PDA、黑莓、手提電腦”，但對這些聽了“微積分”三個字都頭痛的人，忽然要知道甚麼是移動、互聯網、雲端、大數據、物聯網，豈能不茫然，要兩代溝通，難上加難！

　　戰後嬰兒們過去管理 X 世代，因為大家工作理念相同，還算相處得不錯，到二十一世紀，X 世代接班，要管千禧世代，卻遇上“不能接受批評，不能適應工作關係，亦不能適應人的關係”的下屬狀態。美國有“彼得潘現象”是硬碰硬，日本人索性變宅男，餘下上班的多憤青，中華區又如何！

能賢不能盡

　　三國時代，臣子有轉工的自由，還流行寫封信到對方説明一切。諸葛亮到江東，有沒有真的"舌戰群儒"，是羅貫中之言。但張昭十分賞識孔明才是真，要推薦他給孫權，孫權亦接受，見其兄諸葛瑾，要他勸孔明來歸，該兩人是親兄弟，一齊打工，"且弟為兄，於義為順"，説得過去。但諸葛瑾已知孔明不願來，乃説孔明已與劉備"委質定分，義無二心"，還替自己解釋："弟之不來，猶瑾之不往。"孫權也只能説："其言足貫神明。"但何以孔明不來呢，他的解釋："孫將軍可謂人主，然觀其度，能賢亮而不能盡亮，吾是以不留。"

　　所以三國時臣擇君，要看老闆氣度，"能賢不能盡"是大家的標準，大家夾不夾，好重要。今人術語是 Chemistry 要對，要讓手下放手去做，人盡其才，不但是做一個賢能的手下。所以孫權既來不了龐統，亦吸引不到諸葛亮，真正有料之人，不到江東，周瑜固然一流，是因與其兄孫策有過命交情，兼且命短，打完赤壁就大去了，諸葛瑾是標準的賢人，當到大將軍已盡其賢。孫權稱帝 30 年，亦只能自把自為。

　　劉備雖然開始無地盤，但一旦入蜀，立即"賜諸葛亮等金各 500 斤，銀千斤，錢 5000 萬，錦千匹"，要是大發花紅，從此生活無憂。令人困惑的是，諸葛亮最後向阿斗公報財產，只得"桑 800 株，薄田 15 頃"，還要"不別治生，以長尺寸"，答應到死之日，"不使內有餘帛，外有贏財，以負陛下"。可見孔明不玩投資兼清廉，但那些金銀何用呢？

鈍感敏感的兩極修煉

　　和台灣老友談起教育改革，最大的效果是消滅了苦幹的人，青年人都被灌輸了"不能輸在起跑線"的理論。有時間去學習了一大堆"才藝"，卻沒有學到辦事的"才能"和日後與同事相處的情商 EQ。人生除非夭折，都是在跑馬拉松，起跑領頭而能到終點似乎是沒有，很多青年連終點在何方都未知，所以有心人說，要重新再上學，一定要教 EQ，其他科目只是輔助。

　　見工無論問甚麼，老闆最終想請一個有辦事才能和知道方向的人。情商是甚麼，東方智慧是情感的陰陽、敏感和鈍感而已，在了解事物要敏感，要應付事態不妨鈍感。

　　二十一世紀何以處處都躁，因為沒有鍛煉過鈍感，而一味要敏感。這一點日本官房長官最擅長，一遇中國問題就極度遺憾，由慰安婦到南京大屠殺申遺成功，都是如此，完全不知鈍感為何物。

　　何謂鈍感，筆者有四個感悟，一是現代作家高陽，他的歷史小說充滿了"事緩則圓"的例子，很多事等一等，解決就能圓滿，不必爭出頭；第二是鄭板橋的"難得糊塗"，不聾不啞不作翁姑，當祖父母也如此；第三是張三丰太極中的"四兩撥千斤"，以柔制剛，借力打力，以守為攻，美國人則專門"大石壓死蟹"，在國力轉弱後自然失靈。美國企業仍是"直接對抗"為主，所以在中國失靈亦由此。第四是魯迅的"阿 Q 精神"，在暫時無解決方案時，可以自我安慰自我痊癒，不必力爭。"人爭一口氣，佛爭一炷香"完全無助於心理治療，青年人要及早入世，多思考此點！

養生三簡方

　　老友們養生，既有拚命運動，打球打到腳抽筋；也有狂吞藥丸，以治百病；也有凡事看不順眼，指點江山；也有不管世事，全不用腦，令人以為癡呆。

　　其實萬法歸宗，始終是要自身的"免疫系統正常運行"。要達成也沒有甚麼高成本，一是完整的食物，不靠藥物，凡藥皆有副作用，治得東來傷了西，"食雞要生劏，食魚要游水"，全世界可能是香港獨有，是不是壽算高的方法，要科學家證明，口腹之慾而已。如今又流行"吃菜要有機"，多付幾倍價格也無所謂，是不是"完整"，誰也不知道。

　　二是平靜的心情，這是要修煉的。面對壓力自幼兒園開始，現代孩子甚苦，戰後嬰兒一代，最少中學前沒有壓力，渾渾噩噩而過活，是最大補償，不信"起跑線理論"。復古相信"好醜命生成"，便可減壓，睡無眠是人生最大痛苦，午夜夢迴不知何時到天光，如何能平靜。尼克遜書中說，世界領袖都有失眠之症，這是代價。卡達在位評論最差，結果是最長壽總統之一。試想杜魯門在下令炸廣島之後，再受壓要炸蘇聯和中國，是何樣心情？最後拒絕，何等輕鬆。心情平靜，是人心最大果報。最近有老人問，人生到 60，要修煉到何境界，筆者建議 16 字："我心安處，人本無家，隨遇而適，無慾無求。"

　　三是運動和休息都要中庸，年輕能做運動鐵人，到老一定要遞減，筋骨在年輕力壯時不斷"勞損"，不能繼續下去。容顏可以保養，但筋骨五臟六腑是因時而老，外人看不見，但已老，不知！

好醜命生成？

　　諺語有云："落地喊三聲，好醜命生成。"年輕時覺得荒謬，年紀大了才明白有點哲理。

　　古人累積多年觀察而流傳下來的智慧是得來不易的，命是甚麼，DNA 是其一，是生成的，父母傳了給你，改不了；其中有隔代遺傳，也是生成的。IQ 恐怕也是生成，EQ 是可以後天培養成的，但也要經家教才能提升 EQ。

　　科學家都知道，科研成功要有能力、興趣和機遇，三者缺一不可。培養興趣十分重要，既要精力，亦要熱情。筆者一向提倡"三 C"，機遇 Chance 第一、挑戰 Challenge 第二、變易 Change 第三，能敢於認錯、勇於改過，才是科研之道。

　　即使是想在消閒運動中取得佳積亦要靠興趣，筆者當年的高爾夫球教練說，打球想要"破百"，要練習打球 10 萬次，自然水到渠成，沒有急功近利之法。成為任何技能的專家，要花一萬小時練習，若沒有興趣支持，將會很枯燥，"台上一分鐘，台下十年功"，正是如此道理。

　　文科也一樣，研究歷史資料最枯燥無味，但偶有發現，則樂無窮。當然諺語也不是絕對的，有人"資質一般，苦學成功"，有人"舉重若輕，輕而易舉"。古代科舉，也有作弊成功，得成進士，但古時又有幾個"狀元榜眼探花"是真正有貢獻呢！大多數只是榜上留名而已，光彩只在"遊街"那一剎那；這才是精英們機遇的開始，但若遇上了昏君便隨時無命。

　　命生得不好，當了末代皇帝，無論如何有能力、勤力，也無法和環境對抗，看看明末崇禎、清末光緒，都是"貴為天子，命途極差"之人，歷史上特別無能的人卻在高位，是命運程使然，當個普通人，反而無禍！

由三國看人才回歸

中國海歸回國最大的困惑是如何將所學應用於大企業上，因東西文化迥異，CEO 文化背景有異，大展身手着實不易，要東西方管理學融合，是大挑戰。

中國消費者行為變幻無窮，產品和服務的周期亦短，如何找到最優秀的人才，建立能扭轉企業命運的產品和服務，成為第一要務。但招聘人才難，招聘人才成本不但昂貴，企業產品若在走下坡路，要找到願意効勞的優秀人才更難。

優秀人才不是沒有，三國就有諸葛亮、龐統，但企業主最少要做到自己是劉備，三顧草廬，才能令諸葛亮出山。劉備開始亦誤看龐統，幸有張飛識，才不致失去人才。劉備不是多金之人，但最少成功之後，大派花紅，令各位手下人人無憂。

三國時，君覓臣，臣亦擇君，劉備自有其人格特別處，可以吸到人才，兼且不失人才。劉備死後，還得諸葛亮繼續服務阿斗多年，死而後已，可說澤及子孫。曹操本身太強，手下無人能及，郭嘉早死，荀彧則有頭巾氣，司馬懿深藏不露，人才不是沒有，但決斷一定在曹操，手下不免人才和奴才都有，曹操照用不誤。

司馬懿父子當然是人才，還會 Management Buyout。曹操始料不及是自己 66 歲死，而曹丕、曹植都只活到 40 歲，曹氏子孫若長命，歷史改寫，司馬懿半點機會都沒有，但司馬懿識扮奴才，才能活命，在劉備手下，反而不必扮奴才，劉關張有兄弟之情，劉與諸葛有君臣之義，曹操正所有強勢領導，不肯找替手，太“精”了！

只餘小確幸

2008 年小馬哥在超級助選員阿扁的助力下，原本勝券在握，但仍愚笨地開出 633 支票，留下永遠的無法達標。

2015 年，小英姐當然不會作任何承諾，只是 "保持現狀"，但台海的現狀，1995 年是 "說不出的苦"，2009 年是 "窮得只剩錢"，2015 年可以是 "只餘小確幸"。

小馬哥開 633 支票，因為他前面有南韓李明博開出的 747，但李明博的對手是朴槿惠，他只以 3% 票之差贏得提名，而最後的 48.7% 選票成為南韓總統，開支票有價值，但 747 是 7%GDP 成長率，40000 美元人均 GDP，和成為第七大世界經濟體。

2013 年李氏下台，當年 GDP 成長率 3%，人均 GDP27500 美元，世界經濟體排名在第 13 位，只得 1.41 萬億美元，比第 7 名的法國 2.833 萬億美元差了一半，到下台還有家屬親信貪污事件，留下來給朴槿惠洗潔。

南韓浪費了 5 年，同病相憐的小馬哥，633 的承諾到 8 年任滿，要埋單了。633 是 GDP 成長 6%，2015 年看來能保住 1% 就不錯了；失業 3%，到 2015 年前 9 個月，平均 3.75%，似差不多，差距是 25%；人均 GDP 達 3 萬美元，是離了大譜，只得 2.2 萬美元，小馬哥再幹 8 年仍是辦不到。

台灣已遠離高速成長期，人均 GDP 剛超過台灣的深圳，全國排名只是第 7，其他後起的大城市如無錫、蘇州、廣州都已在 2 萬美元的關口了，超過台灣也就是以後幾年的事，台灣排名最高是外滙存底 4264 億美元，排名世界第 5，但彭老總已 74 了，何時退休呢？

中產階級的醒覺

對市場推廣人士來説，了解中國首先要了解中國的中產階級這個群體，如不相信中國自己算的 3 億中產，用高盛標準的 11%，是 1.54 億，用瑞信標準的 15% 是 2.1 億，這個數字仍是世界第一，比美國中產的 1.5 億和日本的 1 億人都高了。這批人愛出國，2015 年出國人次是 1.2 億，花了 1045 億美元，是 GDP 的 1% 了；若放在中國，中國 GDP 是 7.9%，那分析員們就無話説了，這畢竟是中國人的購買力。

有研究的外國人也看到世界上已發生了 copy to china（山寨中國）到 copy china（模仿中國），而中國消費者對國貨的信心亦提高了。

2016 年 2 月的調查，對國貨正面的態度已是 69%，比 2015 年上升 14%，持負面者為 20%，下降 12%。中國的家電、數碼電子產品的可信度大增，十大品牌是華為、順豐、海爾、格力、聯想、美的、小米、天貓、微信和淘寶。華為在國外亦可和蘋果、三星爭一日之長短。外資品牌尤其快餐店，很多已進了黑榜，不再是 show off 的地方，所以説外資經營困難，不是環境不利，而是不明白消費者的需求。目前中產階級仍有到國外 "爆買" 的現象，但購入不是必需的項目，電飯煲、馬桶蓋已淪為笑話，而那些胃藥眼藥水之類，亦不過放在那裏等過時。一朝中產們醒覺，市場就全消失。

外資品牌的聲譽和實際產品或服務的質量並不相稱，只是廣告功勞而已。消費者是無情的，對品牌更無忠誠度的。外資公司管理者不夠班，還以為是當年，注定失敗！

雖愚必明雖柔必強

　　學弟云近為香港事，夜不能眠，何以解之？筆者亦無解，乃翻朱熹《四書集註》來解，四書之首是《大學》，《大學》首頁是〈大學之道〉，朱註說，大學三大綱領是"明明德"、"親民"、"止於至善"，這三者是要學生"盡夫天理之極而無一毫人慾之私也"。

　　這段話是五十多年前在中學時代余老師的解釋，當時還未入大學的學子就學到，做不做得到是另一回事，但得個知字。今日大學生有多少"明明德"，莫知也！今日現象亦不外乎《論語》〈季氏篇〉中的"狎大人，侮聖人之言"而矣。為何呢？孔子說："君子有三畏，畏天命，畏大人，畏聖人之言"。五四運動之後，打倒孔家店，要講究"無畏"，要"不知天命"，"知天命"就是迷信。孰不知"不知天命"，就"不識義理"、"不務修身誠己，何畏之有"，這些道理，學校不教，父母自己要教，"子不教，父之過"。《三字經》如是說，不可怪老師，因為不在課程之中。

　　《大學》中還有"苟日新、日日新、又日新"之句，文字淺白，只是說洗清舊染之污而自新而已。又曰"不日新者必日退"，今日則用來說創新，才能不退步。西方學者最喜歡批評中式教育的學生，勤力有餘，思考不足，這是未讀過《中庸》。第十九章指明"為學之道是'博學之，審問之，慎思之，明辨之，篤行之'，'五者廢其一，非學也'"，這是程顥說的。中式教育也是非常科學化的。《中庸》結論"果能此道矣，雖愚必明，雖柔必強"，四書也不必多讀，幾句就夠！

未老先富已過去

　　老友説日本"迷失 25 年"，沒有甚麼不好，經濟停頓，人工不加，但物價亦在通縮，日本人生活如常，沒有開飯的問題，要比美國那 4800 萬人依賴"飯票"過活的情況好多了，況且 25 年前，日本未老先富，匯率強勁，國民人人可以出國遊樂，戰後嬰兒一輩，享盡當年的富貴，花公款如流水。如果日本如今仍是強日圓，日本人仍然可以隨意出國享受法國米芝蓮三星食店，那又有何不好呢？

　　日本人對政府當然是不太相信的，不然何以退休後仍將年金的三成作為儲蓄，這些儲蓄走入郵政銀行和保險公司，轉過頭來也是買了國債，但最低限度不是直接購買，所以目前看似最安全的日本國債，95% 是日本人自己買的，所以日本家庭所持有的金融資產也是虛的，一朝"負債令"，身家大縮水。

　　日本人 25 年前不必負擔國債，如今每人平均負債是 7.8 萬美元，在世界上也是名列前茅。美國人平均 5.9 萬美元，澳洲人平均 2 萬美元，香港人平均才 1.3 萬美元，多幸福啊。

　　日本人大部分不追求回報率，在銀行裏的錢就是如此。渡邊太太們出外國搵食，也是觸雷的多，企業亦未能正確把握匯率變動風險，連對沖基金也一樣損手爛腳。

　　對日本人而言，25 年前無銷售税，如今 8%，服務費也要抽 8%，何時加至 10%，但個人平均負擔國債只升不降。如今仍然是表面之富，但年紀老了 25 歲，房子也老舊了 25 年，已殘了，防震的條件一日比一日差。只能勉強過活，度過下一地震再説！

論人生路向的父子對話

給孩子的一封信（2009）

"受得富貴，耐得貧賤"是良好的人生素質。"受得成功，耐得失敗"則是保持工作愉快的要素。靠自己努力得來的一切更有意義。

詠聰、詠哲：

自從你們替我建立了互聯網的網址後，我們就久未用中文郵件來聯繫，這真是一個英語佔先的年代。我倒是很懷念在你們唸中學和唸大學的年代，所寫的一百四十四封中文信。除了暑假大家團聚不用通郵外，堅持每週一封信，也不是易事。但親子關係，本就如此。

如今你們都成家立室，覓得佳偶。我常說婚姻有一個 JV（合資企業），是需要長期經營的，看來你們都有良好的基礎，倒不必父母費心的。你們出生不久就隨着我全球奔走，國際銀行生涯令你們三五年易地而居，無法維繫很多短期的友誼，但少時就經歷過美國、加拿大和法國的文化衝擊，不也是好事嗎？

我很慶幸在你們中學的年代，回到了說中文的地方，台灣五年，打好你們的中文基礎，普通話也變成了你們的母語之一。在中文日益壯大，孔子學院遍天下之際，這變成無形資產。古人易子而教，因為父教子總會引致衝突，有傷感情，這點我很感激教你們中文的伍國才老師。伍老師除了減輕我的負擔外，對你們的觀察也是準確入微的。

他說老大詠聰爆發力足，而老二詠哲韌力強，是截然不同的性格，正好因材施教。

如今工作多年，詠聰已經獨當一面了，行事有點論語所說的狂狷的味道。"狂者進取，狷者有所不為"，詠聰勉之。詠哲自少就有點"苦行僧"的味道，凡事尋根究底，堅忍卓絕，是當科學人的材料，但居然會創業，我倒也是始料不及，苦頭總不會小的。你母親和我都是自由主義者，對你們都是打好基礎指點方向，一切自行決定和自行負責，所以從來沒有建議你們入銀行界。因為靠自己努力得來的一切更有意義。

這過去一個星期是諾貝爾獎公佈的時間，我母校的前校長高錕教授得獎。高教授是發明光纖的專家，沒有光纖就沒有互聯網。互聯網究竟對人類是好是壞，要到將來才知道。但高教授夫人發出的公開信有一句話發人深省："光纖使到那些真偽莫辨、良莠不齊的資訊充斥在互聯網上，不分畛域，無遠弗屆。"二十一世紀的人更需要"慎思明辨"的能力，更要有邏輯推理的訓練。另一位諾貝爾得獎者李政道教授最近提到兩句詩："細推物理須行樂，何為浮名絆此生。"高錕教授最近患了老人症，早不知諾貝爾和光纖為何物，做個及時行樂的人，可是修成正果啊！

你們現在處於機智成熟、勇猛精進的年齡，缺的是大風大浪的經歷。這次金融大海嘯可以安然無恙，沒有損失，可是托天之福。這令我想起今年剛七十歲的彭淮南伯伯。我們相識於上世紀九十年代。在台北工作的時候，他已經任職於"中央銀行"，現在已經當了多年總裁，我們算是君子之交，互知音訊而已。他身為高官，當然要申報財產，結果是手中既無基金，亦無股票，財產只有銀行存款而已，住的還是多年的小公寓。這是努力從公、不賺偏財的典範，令人佩服。這種人當然也不會在金融海嘯中有損失，但在事業上卻連續五年被評為全球 A 級央行總裁。如果在正職可以有足夠的薪酬過安適的生活，其他又何必費神。

　　寫這封信是在詠聰香港的家中，他人卻在克羅埃西亞享受人生，也許正和妻子談論下一代誕生的問題。在上海的詠哲在勤奮工作，為新的職位而奮鬥。有些事以前談了也不明白，現在有了工作經驗，我不妨和你們談談“才、德、遇”，這個古人談了幾千年的問題。才是才能，德是品行，遇是機會。品行是必要條件，才能是輔助條件，機會卻是可遇不可求的運氣。《紅樓夢》裏說人是秉正邪二氣而生，大仁人應運而生，大惡人應劫而生。究竟是劫還是運，不是大智慧的人，在開始時也看不清。2007 年是全球事業的大運，但 2008 年卻是大劫。這幾年大仁和大惡正在拔河，誰能取勝，仍未有結果，至於在一旁的小仁小惡還未醒過來。我和你們母親沒有宗教信仰，但老來都相信一個“緣”字。緣分到了，只要你們準備好，自然水到渠成。“聚福緣”是一個累積財富的最好方法，你們做得到嗎？

　　福字可以解釋為幸福，也可解釋為祝福，總之是可以令他人愉快有福，亦可令自己愉快有福，幸福的生活自然在眼前。“受得富貴，耐得貧賤”是良好的人生素質。在工作崗位上，“受得成功，耐得失敗”則是保持工作愉快的要素。有人說以嗜好為職業是最幸福的，但那只是少數人有這個機遇，培養職業以外的嗜好，把生活過得有趣而豐富，那才更重要。多少伯伯不肯在工作崗位上退下來，因為沒有嗜好。除了同事同行外，沒有朋友，是多麼恐怖的一回事。我當然不是鼓勵你們去退休，你們正在雄姿英發的年齡，有創業雄心的人要具備先見之明，清楚判斷日後社會和市場的走向，在機遇來臨時有能力迅速行動，希望你們做得到。現在正是大劫後的大運快開始的時間，細心觀察，作出判斷，發揮動力，好嗎？

愛你們的爸爸

2009 年 10 月 15 日

大兒子的回信（2010）

親愛的爸爸：

　　時間飛逝，大學畢業也有 10 年了，也就說親筆書信已長眠了這麼久。在這個通訊發達的時代，打個電話或寫個電郵既快又便宜，加上由於工作並毋須寫中文，寫作的能力亦慚愧地退步了。但我知道如果要講出肺腑之言就要用中文與你表達。

　　我記得你曾經說過咱們是對盡在不言中的父子，但近年來我不但感覺到這份親情，還感受到年幼時並不存在的友情。還記得你以前說並無法跟“腦筋都未生埋”的兒子們溝通嗎？還好我跟弟弟都有些長進，否則並無法跟你更一步了解！不知你跟爺爺有否這樣的經歷？媽媽常說她是否個好媽媽是由孩子決定的。由於爺爺的行船生涯令到你沒有個全職父親及榜樣，你說為人父親是個終生實驗。已成家的我也正在策劃下一代，將來該如何養育孩子，應該用哪一套呢？以你的人生三段理論，我還是最喜歡你第三段的父親模式（Friend & Teacher Model）。我們小時候的嚴父並無耐性去解釋給我們兩兄弟聽，但由於媽媽與你的協力（協調？），還好我們有機會去略懂你的以身作則。我的佳偶已聲明並無意做傳音機，所以我打算不採用嚴父功，而改用母親秘傳的“嫦娥功”。原來你媳婦也是此功夫的後傳人，非常有效，值得參考，然後改良，用在兒女身上！做公司的總經理已給我一個訓練的機會，目前員工反應不錯，再接再厲。

　　小時不知愚魯齋的意思，但就是喜歡你給書房提的名字。如果能做到的話，我也很希望兒子能愚且魯，只要無災無難，就是幸福。我亦希望總有一日傳授給後代入廚的熱愛，籃球的興趣，以及三國的愛好給他們，然後告訴他們，這是你爺爺的禮物，好好享受品嚐！至於紅酒的介紹，如果會在法國酒莊之旅才初次體驗，就簡直是他老爸的寫照。不過我總覺得他們老早在家裏就會受到訓練。法國小孩不是5歲就開始培訓嗎？

　　為人父母，希望孩子們開心、幸福，生為兒子的我想跟你們說：放心，我會跟我的終生伴侶一起覓尋幸福的。你們也是一對我最敬愛，而成功的父母以及夫妻榜樣。

　　我的好爸爸跟好媽媽，為人兒女，希望是讓父母不用操心，也同時能讓他們引以為榮。希望我也能在你們心裏做個成功兼孝順的好兒子。能否在虎年添丁，有孫子抱呢？哈哈！待續。

愛兒，聰上
9/1/2010

小兒子的回信（2010）

爸媽您好：

　　收到父親再次寫的家書，感覺特別親切。十多年前，父親每週給兄長寫信，實在不容易。到了我去年大學時，正如父親所寫的，科技變得更發達，無論是互聯網還是一般電腦軟件，連長途電話也因IPhone（互聯網電話）的誕生，造成了傳統電話的競爭，使得費用變得更便宜。我唸的科目又正好是電腦工程，天天自己叫忙，加上長途電話費的降價，好像順理成章的有了不用手寫中文信的藉口。

　　我申請唸大學那一年，正是互聯網泡沫之前的 1999 年的冬天，以為唸了電腦工程，畢業後肯定前途無可限量。誰料到，風水輪流轉，不到四年，大學畢業之際，北美經濟不佳，應屆畢業生工作難找，尤其對電腦工程師的需求大大減少，拿了個電腦工程學位還不如唸了專科的高中生找工作容易，至少他們對薪資要求較低。因此我只好為了工作，遷移中國。當時只花了一週時間作決定，後來想想，其實從舒適的溫哥華搬到蘇州的工業園區裏住工廠的宿舍，還真要有點勇氣。最大的收穫，毫無疑問的，是找到了現今的妻子。正如你們所說的，緣分到了，擋也擋不住。我二十二年在先進國家的美式開放社會下長大卻從未談戀愛，千里迢迢到了蘇州的代工廠工作卻找到了終生伴侶。兩人不久後有了一起創業的想法，2008 年離開了製造業的生活，搬到了上海，結了婚，開了公司，對依靠互聯網賺第一桶金抱着絕大的希望。後來回想，其實以我的個性，去創業無非是因為不甘心在社會裏打工而無奈的舉動。勇氣的成分肯定有，不過更多的恐怕是固執。可惜創業所需的不只是勇氣，還要有商業頭腦、關係，和更多的實際經驗。不像 2000 年前，不是每個作互聯網網站的公司都有風投（瘋狂的投資）注資的。以我目前的經驗，經營一個公司，恐怕早了太多。

　　創業不到半年後，我又進了新的行業發展個人的職業生涯。雖說不是故意的，卻同樣進了和父親工作多年的金融業。更諷刺的是，我是在 08 年金融風暴發生的同一週去談工作薪酬的，談完後還得等行政上的工作辦妥才能正式上班。我在家足足等了兩個月才能正式上班，當時的心情很難描述，總之不好熬。

　　現在在外資銀行也幹了快一年了，彷彿逐漸能夠明白父親在 MBA 科裏所教的一些內容。尤其是對在中國運作的外資銀行所教的那幾堂課，如今自己不但親身體驗到，還成為了它的一部分在幹活。這裏的人大多是工作狂，最近被中國銀監局檢查，大家更是忙得雞飛狗跳。我也不例外，幾乎獨自負責準備 IT 相關的所有材料，天天加班就別說了，昨天和今天連週末也得在家做事。直接從家裏的電腦透過互聯網連入公司的網絡，坐在家裏就能操作和使用公司的電腦做事，信息科技的發達真的讓我們的生活變好了嗎？我都不用七十歲都能說，信息科技讓我們無法從工作中自拔。通訊方便是變方便了，以前沒有電郵前，寫信用紙，講話是面對面的。如今，寫電郵變成了一門藝術。在企業裏，電郵寫的好能夠把工作、責任推給別人，自己還能有個證據留下，作為未來的安全保障。萬一哪一天有糾紛，問責時還能從備份的記錄裏翻出來自我保護。以前為了通訊方便迅速的發明，現今成了在企業裏不可缺少的生存技巧，實在讓人覺得累啊。我出生的年代是80 年初，剛好是電腦快速發展的時期，但是我的童年還是比較不受電腦和互聯網影響的。到了我唸高中時，互聯網才開始進入個人的家裏。如今的小孩應該根本無法理解沒有它的世界吧。

　　如今上班辛苦，更需要舒解壓力。我們小兩口也想盡辦法在非上班時間找點興趣和讓人快樂的事情做。除了出去尋找美食，還有在家享受家庭影院的樂趣。運動方面開始了打籃球，打網球。偶爾買點裝飾家園的家具也能讓心情變得更好。我們昨天還在家裏的陽台上第一次燒烤。每週住隔壁的法國人鄰居好像都在請朋友回家燒烤，很懂得享受，如今我們也可以了。

　　最近已漸漸忘記創業的事情的我，看到了新聞。原來 google 中國的總裁剛離職，在 48 歲時才決定創業，還撰寫了書。一下子就能籌資8 億美金。有了龐大的關係網，創業的成功率彷彿大了無限倍。我以後會否有這樣的機會和會否再有創業的念頭，現在還不知道呢？

　　最後，父親提到的中文教育。雖然我多年來都是在講英文的社會裏成長的，會不會中文好像不太重要。但如今，我不但了解它的重要，而且它還成為了我不可或缺的能力。現在不但需要中英文都能講，而且還要中英文都能寫才能混得開。你們當時讓我們兄弟倆在美國開始學中文和普通話，實在太明智了。

愛兒，詠哲

給孩子的第二封信（2016）

詠聰、詠哲：

上次給你們寫信已經是 7 年前的事了。當時收到你們的回信，也有些感動，但沒有回信，因為我想讓這份感情沉澱下來。你們都剛成家，嚐到了為夫的味道，尚不知道為父的感受，現在你們給我帶來三個孫兒女，讓我也得到了"弄孫之樂"，那是說不出的欣慰。但世易時移，現在世界已由電郵時代進入微信時代，我也沒有甚麼忠告可以給你們，反正"忠告"一般都是"單向"的，易忘的和永不被執行的，不給好過給。今年智麟 4 歲生日，他的禮物是《中庸》的"博學之，審問之、慎思之、明辨之、篤行之"15 個字，希望他從小記得。今日青年最大問題是從互聯網世界和社交媒體去取得看法，卻無法慎思明辨，要知道網上海量的訊息，充滿偏頗、極端和謠傳的信息，而真正的智慧要親身體驗和探索才能獲得的。

你們談到我的書齋為何名"愚魯齋"，我不是真的希望你們"愚且魯"，而是希望你們"無災無難過一世"。蘇東坡這首詩的前一句是"我被聰明誤一生"，事實也確是如此，蘇東坡參與了政爭和黨爭，才有了不幸的晚年，雖然作一個文學家，他還是偉大的，所以我希望孫兒

女們"智且信"、"慧而柔"也是良好的願望，二十一世紀和古代畢竟
不同了。

　　你們都踏入我的"人生三階段理論"的第二階段了，是勇猛精進的
27年，但也是人生最多波折的一段時間。二十一世紀是每個人的工作
生命長於僱主企業生命的世代，從一而終，畢生僱用是上世紀的事。
我上封信和你們談"福與緣"，要積福和惜緣，福可以累積，但緣份卻
到時間就散了，所以有緣時好聚，緣盡時好散。君子絕交也不出惡言，
何況只是飄萍一聚，各散東西，我工作生涯也是站對了邊，和意氣相
投的人合作，恰巧這一邊維持得較長久，如此而已，所以我上一封信
希望你們能"受得成功，耐得失敗"，成功只是一時，失敗卻是長久的
教訓，當企業高層和當創業人士，都是一樣。

　　我退休後看得最多是歷史，同意"不知歷史，甚麼都不知道"的見
解。歷史上確也充滿了"賢人和奸佞"、"英雄和惡棍"，而且往往是"賢
人英雄"擋不住"奸佞和惡棍"的惡行，你們愛看的《三國演義》也多
的是這種例子。最近再看宋朝亡國，一個賈似道出現，再多些文天祥、
張世傑、陸秀夫也不管用，全部都要命喪黃泉，用錯人的禍害是多大
啊！

　　你們感謝我堅持你們在海外也要學中文，還要能夠書寫流暢的中
文，這點我是自豪的，我的親子關係觀，是"為父，為師，為友"三部
曲，為父我是嚴格的，你們少時也吃不消，但亦唯有經過嚴格要求，
長大才知道有甚麼不會忘記，我只可惜和你們講的歷史故事不夠多，
"暫時沒有甚麼用的東西"長大就有用，反正童年時間莫明其妙就過去
了，我倒希望孫兒女們能知多些作為一個中國人的根是甚麼！歷史也
是"暫時沒有甚麼用"的東西，長大後就有用了，我讀了那麼多歷史故
事，到老年才明白"命運"是怎樣，人生由崢嶸轉到平淡是必然的，但

如何到達卻有點 "命運" 因素，中國歷史上，上層人士信 "天命"，中下層人士都信 "運程"，俗語也説 "好歹命生成"，那是不是説人就不必努力呢？不是的，"三國故事" 裏，曹操、諸葛亮、周瑜都有領導人的命，但赤壁一戰，"運程" 在周瑜諸葛亮這一方，曹操大敗，但因為能力好，敗而不潰，最後統一北方是曹操，這是他的命。諸葛亮看見 "天下三分"，但他選的是最後困在四川的劉備，結果只能保住個劉阿斗，只是宰相的命。周瑜赤壁成名，卻有條早死的命，有運又如何。再舉一個例，你們愛看 NBA 籃球，多少技高之人終身拿不到一隻冠軍指環，而只能當後備的卻一連拿了三隻指環，這不就是有命無運麼？人生就有 "有命有運"、"有命無運"、"無命有運"、"無命無運" 四種人，所以當你們看到 "不應在位卻又在位" 的人，不要奇怪，運到了，而運程卻是在變的，能夠 "持盈保泰" 是《易經》的道理，亦只稍有幫助而已。

　　最後，不妨説一下你母親的教子理論的 "三心"："愛心、耐心、狠心"，父母的愛心一般不缺，"耐心" 你母親最強，所以你們説她是 "嫦娥"，"常常哦哦" 是耐心，要訓練的，我們男士一般欠缺，當嚴父可能是藉口，至於 "狠心" 看來你們兩個都做不到，留給你們的伴侶吧，我亦是如此！有時候 "寬嚴皆誤"，你們日後會知道的！

愛你們的爸爸
10/5/2016

3 歷代青年和教育

野性剛毅

在京都的時間，特意入京都大學校園，去感受一下這家諾貝爾獎得主的搖籃。大學生們可以跨院校參加所有課程和研討小組，接觸一流學者，令人想起歷史學者陳寅恪當年"只要聽課，不要學位"那些自由放任的日子，也只有能對"暫時沒有甚麼用"的東西花時間，才會有一日開花結果，不然背誦"十三經"有何用。

京大校長指出，日本大學生"普遍信賴 IT 工具，網絡和社交媒體"來找答案，在實際學習和生活卻是在極狹小的圈子裏，很容易得到偏頗和極端的看法，這個現象恐怕是全球性，例子遍地皆是。解決之道，京大校長建議是鼓勵"野性剛毅"的精神，讓學生發現自己的興趣和能力，同時要積極親身探索，不要再迷戀手機，一定要在"社會實踐和人對話，再而國際研修"，才能得到"真正的智慧"。

日本學生在多年"寬鬆教育"的氣氛下，進入了大學，既欠野性，也無剛毅，願意做日本人，而不願意出國，這方面中國大學生的積極性比日本大學生要強。

日本和中國都有重視理科而輕視文史哲的傾向，長久以來，有理科生比文科生優秀的看法，但其實到了社會，卻也未必，若是入了商界，當上管理層，科學知識只餘科學推理精神，連 IT 知識都日日淘汰，變成無用，而文史哲對管人管事，看歷史教訓，都有後來居上之勢。

看看歷史上"野性剛毅"例子，才知創新也必須野性和剛毅，只會答有答案的知識，只是入學卷；沒有答案的問題更重要，看誰能把握！

二十一世紀的青年競爭環境

和中大 EMBA 同學們談上海戰略藍圖，掛一漏萬，這裏不妨補充。論上海、香港、台灣的青年哪裏較優秀，若以國際常用的 PISA 評估來看，自 2010 年以來上海的十五歲學生在閱讀、數學和科學比賽已經連續五年冠軍，全面擊敗香港和台灣的學生。這是中學生，當然港台排名也不錯，相差不遠，但港台學生較優秀的神話已經打破。

再論大學生，中國以量取勝，大學畢業生數字 2004 年人數是 180 萬，但 10 年後的 2014 年，人數是 727 萬人；2014 年，香港大學畢業生只有 3 萬，台灣則是 30 萬，大家尖子比尖子，人數就不能比，多少大陸尖子畢業生到上海謀生，有數得計。

香港 8 間大學，台灣 166 間大學，台灣很明顯供需失衡，所以才有新鮮畢業生只得 22K 台幣的月薪，折合 4000 人民幣，失業率較高；香港可以過萬元，但很難獨立生活，有怨氣在所難免；所以大陸青年是大中華區最樂觀的一代，對前景看好，敢於創業的精神充足。

上海亦是海歸們最願意生活的地方，當然競爭也是激烈的，青年們要競爭的是自己同輩，而不是上一代，位置不同也。二十一世紀是訊息年代，訊息收集的能力和訊息分析能力是兩回事，學業成績是靠不住的，比的是自學能力、上進心和不斷完善自己的意願，負責的工作倫理，經驗和判斷力是隨年紀增長而來的。在中國大學的學額有限時，日子是好過的，到了一年有千萬大學生供應時，日子就不一樣了。

六十年前後的青年精神

　　1955 年，牟宗三寫下了《六十年來中國青年精神之發展》一文，討論了 1895 年至 1955 年的六十年間的中國青年精神狀態，到 2015 年，六十年又過去了，中國青年的精神又如何呢？前六十年的青年的精神，都可謂與大環境有關，牟宗三將之分類，只是憑他個人"所聞，所見，所感"的經歷而來，不憑史料，但如今這篇文章已成史料了。

　　1895 年至 1911 年這 16 年，甲午之戰和辛亥革命之間，培養了一代的革命青年，以推翻滿清為目的，雖有舊傳統，但出了新形態，缺點是仍有士大夫的矜持氣。1912 至 1925 年間，是五四運動前後的 14 年，是五四青年，認為青年人要自己領導自己，崇尚個人自由，推出新文化運動，要主宰政治，改革社會，缺點是有中產人家的少爺小姐脾氣，全廢舊文化，是視野不夠廣。

　　1926 年至 1937 年，是打倒北洋軍閥的民國革命青年，亦可謂北閥青年為政黨政治和主義奮鬥，但以一黨專政為依歸。1937 年至 1955 年是抵抗日本的抗日青年和到大後方就讀的廣大青年，樸實少浮華，面對流離失所，衣不蔽體，都安之若素，是牟宗三最喜愛的一群，但這六十年間的青年，化成中年老年，成為組成國家的中堅分子之際，猶以五四青年最掌權。1950 年代中國，苦不堪言，牟宗三在 1955 年寄望中國青年尤其海外的廣大青年"能表現中國文化精神而光大之"，"表現人性、人道、人倫、人文、人權尊重的中國社會"，結果呢？

青年的真功夫

　　每一代青年的想法都有個共通點，正如大陸財經作家吳曉波所言："一、世界是你們的，也是我們的。二、現在世界一切都是錯的。三、這個世界的未來是我們的。"

　　牟宗三在分析 1895 至 1955 年間的青年精神時，慨歎中國青年們"在其到了中年老年，便幾乎都很難保持下去，亦很難在他們身上發展出更高的精神，或其他的優良精神，以成就他的中年與老年。"但為甚麼青年一旦變成中年、老年，"即陸續趨於精神的停滯與墮落"？牟宗三解釋是因為他們精神之價值，只表現於"消極的破壞方面"，而不是"擔當積極的建國大任"。

　　革命青年如此，五四青年亦如此，以牟宗三的觀察："這些人多自西方留學歸來，只知羨慕西方。"其在中國，如只是寄居。只知個人之學術自由、思想自由，以及社會地位。至於"國家民族、歷史文化"則視為空論；加上"心量偏窄，作事缺乏合作精神"。但在 1935 至 1955 年間，中國政治社會之領導人物，多是五四時代的青年人，其糟糕處，要錢穆為文代替五四人物向全民道歉，但這亦是五六十年前的歷史了。

　　國民革命青年則好集體權力，"產生無數黨爭與黨內派系鬥爭"，牟宗三於六十年前之歎，到二十一世紀仍未有改進，牟宗三希望青年們要"有一積極的正面精神上之崇高理想"因而修養出"真功夫"。若無此真功夫，則不管你在青年時能如何慷慨激昂，置生死於度外，老來血氣既衰，亦不免成為苟且偷生的官僚政客而已！

近 60 年中國青年群組

　　牟宗三在 1955 年後好像沒有再寫中國青年的文章，否則筆者不必大費周章，當 "文抄公" 可也。但 1955 年至 2015 年的六十年間，中國青年包括港台青年，有了不同的變化。

　　世界變了二元對立，思想亦復如此。筆者將之分成五期：1955 年至 1966 年，是中國發生各種運動期，青年可稱為運動青年，由反右、反資本主義，到大鳴大放、大辯論、大字報，到大躍進、大鍋飯、大自然災難。青年處於極曲折的歲月，這段歷史可見《曲折發展的歲月》(河南人民出版社 1989 版)一書。

　　1966 至 1976 年是文革十年，青年由紅衛兵到上山下鄉，亦歷盡人生曲折。如今知青女青年變成中國大媽群，仍有影響，可稱下鄉青年。港台二地青年躲過二劫，得到暫安。筆者一輩入大學，出洋留學，吸收西方文化，但沒有忘記中國傳統文化。

　　1977 至 1978 年是中國青年重返校園，老三屆的大學生有追求知識的飢渴。

　　1984 年則是中國下海經商的元年，產生大批日後的企業大老闆。香港 1984 年則遇上《中英聯合聲明》後的移民潮；台灣則一直移民美國不斷，這是下海青年階段。

　　1987 至 1997 年，南懷瑾指出，1987 是中國轉運年，中國改革開放大大加速，民工都讀書的時節，是開放青年。

　　香港 97 回歸後，1997 至 2015 年是科技青年或互聯網青年，中國人上網由零到 6 億，烏鎮成為世界互聯網中心，BAT 出現，六十年變化大而快，速度驚人！香港 "佔中" 青年和 "太陽花" 青年只是時代青年的小插曲。

開放改革期的中國青年

1984 年在美國，蓋茨（Bill Gates）和喬布斯（Steve Jobs）都是 29 歲，微軟開業 9 年了，蘋果推出 Mac 機。戴爾（Michael Dell）19 歲，要和 IBM 爭一日之長短。思科也用 5 美元註冊了，面書的朱克伯格（Mark Zuckerberg）出世了，都是青年的世界。

在中國，1984 年是民企元年，大家都"下海了"，聯想柳傳志 40 歲，華為任正非 40 歲，海爾張瑞敏 35 歲，算是老青年了；30 年後，他們都家喻戶曉了。地產首富萬達的王健林亦 30 歲了，要 5 年後才投身地產界，1993 年才成立萬達，也花了整個青春。其他如萬通六兄弟，比較聞名的馮侖 25 歲、潘石屹 21 歲，在海南出現了。萬科的王石（33 歲）亦下海了，到 1992 年，旗下就有 50 家公司。

1984 年百度李彥宏才 16 歲，阿里巴巴的馬雲 20 歲，騰訊馬化騰 13 歲，京東劉強東 10 歲，小米雷軍 15 歲，微信張小龍 15 歲，都是小朋友；但在 1984 至 2000 年這 16 年間他們乘勢而起，2000 至 2015 年紛紛 IPO 上市。首富馬雲、王健林（第四位）代表互聯網和地產界的實力。互聯網還有李彥宏（第二位）、馬化騰（第三位）、雷軍（第八位）、劉強東（第十位），共佔五名，但能源界李河君（第五位），食品界宗慶后（第六位），原材料界王文銀（第七位），消費品界何享健（第九位），誰說國進民退呢？是命還是運呢？

中國年輕人的變化

　　和一批美國老人同遊中國沿海城市，這批老人要不是初到貴境，就是 20
年後重遊，且不說看到上海陸家嘴的高樓林立，即使廈門、天津，也令他們搖
頭歎息，來得太晚，不過大家都退休了，無所謂，回家告訴年輕朋友，也是好事。

　　當問到中國年輕人的變化，上世紀 90 年代，中國的大學尖子們，以進入
大型跨國企業為奮鬥目標，高收入，好訓練，好地位，安全感都有了。那時
候中國大學畢業生每年不足 100 萬人，確也是天之驕子，中國企業要在大學
時代就要預先招聘培養，才得到較佳人才，但這些尖子又往往嚮往外國留學，
工作了一年就出國，留也留不住。

　　隨着國家對教育和研發的大量投入，跨國公司和硅谷企業的投資中國，
二十一世紀後，中國擁有大量 18 至 36 歲的有知識和才能的人才，到底是多
少呢？2001 年，大學畢業生才 114 萬人，2007 年 495 萬人，2014 年 727 萬人，
所以二十一世紀的頭 14 年間，累積了 6264 萬人，加上在校的大學生，這個群
體超過 8400 萬人，外加海歸 145 萬人，人才供應充足，比較美國，每年在校
大學生 1750 萬人，只有 56% 能在六年內畢業，每年畢業生估計為 250 萬人，
和中國 727 萬人相比，美國人才是不足的。

　　美國人才集中在硅谷和華爾街，中國卻有幾十個硅谷，杭州因阿里巴巴
而馳名，其他都是新興微小企業的生產地，而青年人自主創業，不再以跨國
企業為目標，亦是最大變化，外國投資人仍無法了解中國的政府結構和企業
文化，但已感覺到年輕人的幸福感了。

出國求學去哪兒？

　　二十一世紀是亞洲世紀，連教育也如此，根據英國 QS 教育組織 2016 年報告，全球最佳求學城市（應是指大學）的排名，前 10 大有 6 大在亞洲，意外是巴黎第 1、倫敦第 5、柏林第 9，最多人去的美國，無一排入 10 大，波士頓代表美國排在第 13。

　　美國有校園槍擊等，3 億人口有 2.5 億支槍，即是說成年人是人手一槍，家長能安心嗎？巴黎經過 2015 年兩次恐怖襲擊，仍居榜首，學校排名第 2，僱主評價第 4，經濟負擔度第 23，足矣！

　　亞洲排名，是以澳大利亞為首，墨爾本第 2、悉尼第 4，日本東京居第 3，新加坡第 6，中國香港第 8，韓國首爾第 10。新加坡的國家大學和南洋科大在 QS 大學排名是亞洲最高的，但新加坡大學總排名卻只是第 14，比台北的第 12 還低，有點奇怪。但亞洲大學排名最高城市是首爾，東京第 5，香港第 7，波士頓有哈佛和波士頓大學，也是排在第 6 而已。

　　上海有復旦、交通、同濟，只能排在第 16，要起步追呢！北京有北大、清華，排在第 8，比香港低一名，清華還是亞洲第 3，全球第 25 呢！但北京總成績只在第 25，生活質素排第 61，霧霾不去，排名不高。上海的生活質量排在第 44，加上國際學生混合度低（排在第 45），所以總排名在第 39，有排追啊！

　　中美兩大國，城市排名都不高，波士頓第 13、紐約第 20、三藩市第 27、芝加哥第 31、洛杉磯第 42。日本除東京外，大阪、神戶、京都合體，才排得第 21 名，實質上日本的國際學生不足，混合度不能得分，所以亞洲人要出國，可以考慮就在亞洲不必求遠也！

海外生活五年經歷

　　寫《讀史觀世》的誘因是看了尼克遜的結論："每一個領袖都研究了歷史"，"不研究只會被迫重複歷史"，日本人迫不及待要恢復"往昔的榮耀"，但榮耀之後的屈辱有沒有研究過呢？日本自甲午之戰 120 年以來，由政府、軍部、國會、輿論界和右翼人士組成的"鐵五角"，反覆歪曲歷史，雖然也有知識分子和歷史學家不懈努力和奮鬥，但亦徒勞無功。

　　日本人不少要到了海外生活，才開始不用日本觀點來看世界，了解事實並非如此。大前研一的觀察，在 40 歲前沒有海外生活經驗的日本人，過了 40 歲態度就會變成極端保守，無法接納新事物，堅持日本傳統做法中的錯誤做法。所以大前研一建議日本年輕人（全世界的人都一樣），在 40 歲前要累積 5 年在海外生活的經驗，才能開闊眼界。不從日本觀點看事物，老是在日本（港台也差不多），就算看再多的電視國際新聞也無法了解世界的現實，原因是日本的媒體早已失去國際觀，有了互聯網也幫不了忙。

　　沒有國際觀的人也寫不出甚麼，所以年輕人要多走幾個國家，生活最少 5 年，才能改善狀況。7 年過去了，日本的海外留學生愈來愈少，很明顯，大前研一的忠告，是沒有年輕人會聽。

　　在全球化的環境下，日本人卻不肯面對現實，對國家充滿怨言和憂慮（台灣亦是如此），但日本人仍是順從國家安排，所以進入"迷失 20 年"而無法自拔。日本由"鐵五角"變成"鐵八角"已多年，日本人民領導政府只是空言，但日本傳統，將領自己到何方呢？

由留學生看存在感

　　安倍實行"二仔底"政策，習近平去哪裏，安倍就去哪裏，追求日本"存在感"。百年來，日本的"至尊情結"和"自卑情結"糾纏，至今尤烈。當然，在國內，安倍經濟學日落西山，安倍支持率降至五成以下，不支持率亦在四成以上，"安倍末日"雖未到，但"安倍當誅"已出現在總理府門前了。石破茂會否取而代之，就在 2017 了。

　　至於日本有沒有"存在感"，還看日後青年人怎麼想？而有多少外國留學生會前來取經是一個指引，美國在這方面仍有吸引力，每年仍有 70 萬人，日本在 2008 年有 14 萬人，留學生佔總大學生人口只有 3.5%，到 2013 年 5 月，仍只有 13.5 萬人，實現 2020 年 30 萬，10% 的目標，眼看無望了。事實上，留學生前三名是中 81000、韓 15000、越南 6000，已佔了總留學生的 76%，歐洲國家如德法，只有數百人，美國人也不來了。當然日本不能和英語國家比較，但外國學生比率在德國是 12.3%，在法國是 11.9%，比日本的 3.5% 高得多。日本和中韓交惡，留學生人數已見稍跌，若繼續下去，更無人來了。

　　至於中國，2012 年，外國留學生已見 33 萬人，2013 年估計是 37 萬人，十大來源國是韓 19%、美 7.4%（已近 25000 人），日本也佔 6.4%，超過 2 萬人，泰國、越南、俄國、印尼、印度、巴基斯坦、哈薩克斯坦都在 1 萬人以上，歐洲最多是法國 8000 多人，德國亦有 6000 多人，都是去日本的 10 倍以上。日本要有存在感，先保住中國學生。

海歸日多的現象

　　人才外逃和資金外逃是近年來西方人談論中國的熱門話題，但又最不堪分析。中國留學生的確年年增，學校是西方的"圓"，確也有市場，但在全世界的年輕一族都遭受失業率的打擊，企業被勸諭首先滿足本地人的求職需求，中國留學生沒有門路，哪容易找工作？即使在十年前的加拿大，念電腦系畢業一樣找不到工作，當海歸也就是唯一的門路了。

　　以上海為例，2013 年，出國留學的五大熱門地是美國、英國、澳洲、加拿大和日本，佔了總人數的八成五，美英加起來就五成了。2003 年，筆者初到貴境，海歸一詞還未流行，一年只有 2 萬人而已。出國就近 12 萬了，是一與六之比，但十年後的 2013 年，海歸 35 萬，出國 41 萬，是 85%。若與四年前出國，如今畢業的人相比，就是百分之百回歸了。還有一群以移民資格留學，變成本地人的，這個比例就更高了。可見這五大移民勝地的就業情況，有多糟糕了。美國的勞工參與率一直無法由 63% 回升至 66%，這就可以理解了。即使勉強找到工作，亦即所謂"穩定"的工作，意味着工資穩定、崗位穩定、過朝九晚五的安逸生活，晉升無望，如此就過了一生，那可不是追求發展速度和升職機會的中國留學生所能忍受的，還有那父母輩祈望的出人頭地呢？現在還流行中學就出國當小留學生，全情投入，變成外國頭腦，中國文化全消失了，由中學唸到 MBA，花上 12 年，那是另一回事了。

百大排名與家長投入

　　據湯臣路透的世界百大排名，中國內地有北大（45 名）、清華（50 名），香港有港大（43 名）、科大（57 名），中大不幸落在百名外（109 名），所以中國包括香港有四間。日本只有二間，東大（23 名）、京大（52 名）；韓國異軍突起，有三間，首爾（44 名）、科學技術院（56 名）、浦項工科（60 名）；新加坡亦有二間，新大（26 名）、南洋大學（76 名）。

　　韓國的投入，單看 1986 年才成立的私立大學，已在一百間年輕大學榜中排名第一，可見一斑。在大學支出和 GDP 比例中，OECD 是 1%，丹麥、芬蘭的 1.6% 居首，韓國 1.5% 緊追其後，日本只花 0.5%，比香港的 0.88% 和內地的 0.72% 都少。在教育總開支上，日本亦只是 GDP 的 2.9%，遠遜於韓國的 4.6%，亦不如中國的 3.4%。日本在 2015 年還要在軍費開支上增加，是不是向教育支出再開刀呢？不妨追查一下。

　　當然，除了國家開支外，還有私人的投入，韓國的父母們是不惜一切，中國香港的父母亦不願輸在起跑線。但這只是早期的投資，"少時了了，大未必佳"，這古語到二十一世紀也管用。已經 105 歲的錢鍾書夫人楊絳的教育體會最值得記錄下來："好的教育首先是啟發人的學習興趣，學習的自覺性，培養人的上進心，引導人們好學和不斷完善自己。""要讓學生在不知不覺中受教育，讓他們潛移默化"，"榜樣很重要，言傳不如身教。"父母不好學而想子女好學，是最大的夢幻。價值觀的教育最重要，"一切向錢看"只能敗事，所以家長的投入比政府的投入恐怕更重要。

教育系統和中心之別

　　2012 年教育系統評估，前 5 名是芬蘭、韓國、香港、日本和新加坡。英國只能排第 6，美國 17，俄國 20。中國 20 名不入。但 PISA 評估，上海卻名列第一，外資企業對上海高材生的評估，是善考試，善按章工作，卻全無想像力；但上海復旦大學，卻和北京的北大和清華，一齊排入世界 QS 排名的 20 名內。北大化學系世界排名 15，復旦的哲學和政治學亦入榜內 20 名，復旦商學院亦在全球 100 名內，排名高於香港中文大學，世界真的是輪流轉了。

　　不過，香港科大、港大和中大的電腦科技學系世界排名 20 榜內，也算有收穫了。哈佛最勁，30 門學科有 11 門世界排名第一，麻省理工則有 9 科第一，所以美國是全世界教育中心，是實至名歸，唯一缺點是收費貴。英國則是排名第二，中國在 2013 年擠下法國，成為全球教育中心的第三名，人文科學是主要吸引力，醫科則是第二，中國中醫學的針灸推拿，亦是全球有學生了。

　　中國對韓國人最具吸引力，21% 的外國學子來自韓國，美國亦佔了 8%，孔子學院早已遍天下，但學子要學得好中文，一定要有當地環境。教育中心最後還是美中之爭，英國只能是陪襯，中國如今要做是改進大學品牌，才能和美國比美。來中國的學生只會愈來愈多，但不能全是來學中文，而不學中國文化的，香港能做的除了電腦系，仍是商學院，挾東西文化融合之利，管理中國市場，總比老外幹得好。

亞洲大學排名感想

雖說大學排名只是虛名，只要能入圍，相差不遠，就以 QS 大學排名的亞洲榜來看，亞洲前十二位的得分，由 100 分至 94.7 分，確也相差不遠，但看幾年的趨勢，也有點意思。

以 2009 年的亞洲榜來看，前四位是日本東京大學、香港大學、日本京都大學和新加坡國立大學，到 2014 年，前四位是新加坡國立大學、韓國科大、香港大學、韓國首爾大學；韓國的長期教育投資，已經生效，大學畢業生每千人有 49%，世界第一，是名不虛傳。過去兩年，亞洲前十二位大學，香港佔四家，港大、科大、中大、城大，數目穩居首位；韓國佔三家，韓科大、首爾大學、浦項工科大學；新加坡的新大和南洋科大亦是常客，日本雖有兩家，但東京大學已跌至第 10 位，京都大學亦跌至第 12 位。

2009 年時，東大和京大穩坐亞洲冠軍和季軍，日本的大學教育，發生了甚麼問題呢？才 5 年時間就主客易位，這 5 年間，新加坡爬升第一，又有甚麼意義呢？韓科大和首爾大學亦入了前四名之內了，2009 年北京大學排在第 12 位，2013 年爬升至第 5 位，2014 年跌回第 8 位，即使在 2010 年，亞洲 12 大學排名中，仍有 6 家是日本的大學，韓國只有首爾大學 1 家，但 2014 年日本大學紛紛引退，而韓國速進。

台灣的台大 2010 年排第 21，2014 年亦只維持在 21，大學生是將來的支柱，台灣和日本要落在韓國之後，亦可以從 QS 榜看出來。

兩岸三地人才競爭庫

　　《讀史觀世》中談了不少中、港、台三地的大學生競爭力，跨國企業和要在內地一展身手的企業人才何處來呢？答案是中國內地每年 700 萬人、台灣 30 萬、香港 2.8 萬人。

　　如何選人呢？如今在第一線是 X 世代，要管的是 Y 世代。與 X 世代們談及用人，莫不搖頭，"最好不用，又不能不用"，是最直接的答案，用哪一地呢？無相干，誰的中英文俱佳、關係好、肯拼搏，也就是矣！

　　筆者云，能對本國史有溫情者，更有前途，這 20 年間，全球經歷"經濟自由化，學術自由化，社會多元化"。世上已無絕對多數，而"少數不服從多數"已成常態，但有無助於學生的競爭力呢？答案是沒有。這方面台灣先起步，2013 年更出現"太陽花世代"，心態是"自由、民主、反中、鎖國、推翻老 K，趕走老中兩代"，台灣就一切都美好了，反對者不敢哼聲，所以成為洪流了，是否主流，看是哪個媒體說的。

　　2014 年香港也出現了"雨傘世代"，心態也差不多，用辭不一樣，但能否有助於日後成為一名有競爭力的僱員？要問過 X 世代才知道，戰後嬰兒世代真幸運，當年管理 X 世代，還是"敬老尊賢"，而且任勞任怨，出差捱更抵夜是常規，真的要感激他們，也為他們苦。內地暢銷小說《狼圖騰》，歌頌了狼，比龍更現實。年輕人就是追趕經濟列車的狼，但畫狼不成反類犬，在列車經過時去吠車的狗，列車過後空餘恨，但最怕是變成羊，只能任狼吞噬，X 世代在選狼犬羊，要睜開大眼的！

中國人才庫

　　中國留學生一年 46 萬，60% 去了美國，但美國的城市居然沒有一個入了十大最佳求學城市，這可是英國的 QS 教育組織 2016 年報告説的，那 27.6 萬人去了哪裏，家長們能安心嗎？只好陪子讀書去也。

　　和日本人比較，中國是生機勃勃，10 年間由 6.1 萬增加了 4.5 倍，日本留學生則由 2004 年的 4.2 萬縮水至 2.1 萬，打了個對折，日本留學生總數亦由 8.3 萬減至 6 萬，如此下去，如何取得美國的技術呢？日本少子化，本身學生亦不足了，還是安於日本國內的安逸環境，不必去美國了，中日的看法可真不同，在國內又如何。

　　據英國 QS 教育組織的排名，亞洲 300 最佳大學，中國內地佔 73 家，日本 65 家，韓國 44 家，台灣 31 家，印度 16 家，馬來西亞 15 家，香港和新加坡的大學排名雖高，但分別只有 6 家和 2 家上榜，有質而無量，台灣的 166 家大學，只有 19% 上榜。不過，中國內地的本科大學更多，共 1202 家，加上高等職業學校 1327 家，每年大學畢業生 770 萬，在校規模更接近 3560 萬，高校畢業生已成為促進經濟社會發展的重要生力軍，這就是中國的人才紅利取代人口紅利之處。海外留學生一年有一半回歸，也有 23 萬，每年人才供應近 800 萬，已超過香港人口，且不論質是否一流，但如此人才供應，總有傑出人才出現。錢學森數十年前慨歎"為甚麼我們的學校總是培養不出傑出人才"，那是供應側不足。

　　二十世紀中國人才多是自學成功，但沒有系統，如今超越日本，不是問題！美國才是對手！

九〇後本質異秉

　　一位號稱有 8000 個家庭案例的上海專家談上海九〇後的本質，不妨參考，證諸港台，對老人家們可能有些啟發。

　　大陸上世紀九〇年代是甚麼世界：一進入"一孩政策"時代，二進入無糧票時代，三進入公家分房時代，四進入全民下海時代，所以比起文化大革命時代成長的先輩，富裕得多，亦孤獨得多。人人是小皇帝，亦是獨孤求敗，基本上人人頭上再有六個人照顧，要報的恩情無限大，生活自理能力基本不需要，惟有讀書高，因為家庭期望值極高，家長們好攀比，成為九〇後的生活壓力。

　　九〇後沒有文化大革命的影響，本性善良，分好歹的能力稍弱，但基本訓練比先輩好，不爭先，肯讓位，看不慣不守秩序，這是和國際接軌的。科技時代的知識廣闊，但傳統文化知識接觸不到，中華文化之美只是空話，恰又生在孩權至上的世界，非常注重話語權，老人家們要一言堂，免問！糾紛從此而起。

　　家中六老，要安排一切，由入學到就業都參與，但九〇後恰又是個性化強的一代，令對抗者成為叛逆，不會對抗者成為精神病患，吃苦的是家中六老，還不明白為甚麼，所以才有家庭諮詢業盛行。

　　九〇後面對那六位對現代科技脫節的人，心中如何想，其實只要自問自己當年對長輩如何想，便可明白。二十一世紀 Infobesity 時代，訊息過剩，而抉擇能力不足，九〇後和家長們是一樣無能為力，家長只有降低期望值，施些小恩惠，讓九〇後從虛擬世界走出來，幹點家務也是好的。

人才和潛質的實力

　　在中國能到外資打工，如今要求不高，基本條件："勤奮踏實，善於溝通，英語良好。"中文是不必説也要的，其他一切都可以學習，獵頭族朋友笑稱，中國人首選，印度人也可以，日本人競爭力就差了。不説別人，連日本首富，優衣庫的柳井正也如是説，當年進軍中國，成功因素是聘用了三名中國留學生，其中一位是如今中國部的 CEO，如用日本幹部，肯定沒有此成績。

　　日本員工八大弱點。在日本工作多年的獵頭，撮要下列用日本員工的弱點：一、英語欠佳；二、無心學習派出地語言；三、不能積極靈活融入派出地的文化；四、自己人埋堆，自成一國，不和其他人溝通；五、忠誠於組織，所以組織的錯誤政策，照樣執行；六、日本企業等級森嚴，晉升按年資，更不會用外國人；七、日本派的員工待遇不同，成本較高；八、招收員工只找當年名校尖子，不假外求，得不到最優秀的人才。

　　所以美國分析家説，日本的土地和人才潛質已用到盡，無法再進一步。日本企業已度過安適的 25 年，企業已老化，所以無法改革，不靈活，決策緩慢，沒有視野。日本所謂"安倍三箭"，早已虛發，如今要學中國成立六個戰略開發區，亦只是炒冷飯而已。

　　范仲淹説過，"革弊於久安，非朝夕可能。"不要説改革日本的本土員工，即使在上海的日資企業的外派員工，亦逃不開上述的毛病。日本企業除非人人學柳井正，否則無望改革成功，問題是真正優秀人才，又何必入日本企業去冒不用之險呢？

廿一世紀用人之道

《張總銀行風雲 40 年》總結了筆者在世界各地工作的用人經驗，如今不論在香港或上海，若要用"華語區"兵團，仍然適用。

若要聽話，用新加坡人；若要合規，用香港人；要治奇難雜症、奮不顧身，要用台灣人。若要三地人團結一致，基本上無可能，但最適合大陸式管理："分而治之"。所以不要以為老闆好像 MCC，很簡單的現象都看不到，能拼搏到位的 CEO，沒有一個是笨的，以為老闆笨，只是自己笨。

上世紀八十年代，連美國人都怕將來老闆是日本人。到了二十一世紀第二個十年，將來老闆是大陸人，已無可避免，不能説流利的普通話，就是技遜一籌，亦是不爭之實。

香港人的競爭對手是台灣人和新加坡人，亦是無可避免，在基層的競爭對手是大陸人，則是自然現象。還好是如今全世界的"九〇後"，都是講究個人生活質素，只在合理範圍內拼搏，不會超時工作，香港人只能"將勤補拙"。香港人一向"惜身"，唱 K 拼酒，鬥不過台灣人，但台灣守法精神不足，則是弱點，因為台灣罰得不嚴，機會成本太低，一切可以搞掂，必有後遺症。

2014 年的高雄石化管線爆炸，是例子之一；同年的地溝油事件，是其二。一家屢遭檢舉達四年的小企業，居然可以無事，出事後負責人亦可以 5 萬元台幣交保，玩失蹤太容易了。

台灣人一向自詡，大陸所有行事都是台灣人教的，好事和壞事並行，好事不出門，壞事傳千里。大陸出事，台灣亦有，只差遲早，奇乎！

由孟子看年輕人

2007 至 2015 年的 8 年間，發達國家的失業人口增加了 1200 萬，其中大部分是年輕人，因為年輕人失業率奇高，西班牙曾達 50%，所以發達國家除了 GDP 成長率下降了 5.4% 外，還面對就業不穩定，年輕人沒有機會兩大障礙。美國看來好一點，失業率下降至 5%，但其中大多是低薪和工時不足的工作，情況好不過歐洲多少。

2016 年又如何，歐洲 CEO 們大都不看好，OECD 估計 GDP 成長繼續下降至 3%，恐怕還是樂觀（2.4%）！中國大概維持現狀，成長絕對值不變，長成率約 6.7%，但中國人對未來仍是樂觀的佔 41%，歐洲普遍不足 10%，法國更只有 3%。

西方年輕人不是如日本年輕人對政治冷感，就是如美國年輕人對美式民主存疑，出現特朗普現象，東方智慧是否有所幫助呢？最基本是"對過去感恩，在當下自強，對未來敬畏"。

孟子名句："望之不似人君，近之不知其所畏"，是對年輕人最有意義的兩句話，以前說 EQ 低的人，"對陌生人畢恭畢敬，對親近人隨意發怒。"到二十一世紀已進到對一切人隨意發怒了，法國年輕人在國內沒機會，會到倫敦、香港尋找，中國年輕人在國內無機會，會到非洲闖蕩。如今在非洲 100 萬人中，多少是年輕企業家、年輕探險家和年輕旅行家，再不然"一帶一路"上的國家亦有無限機會，中港台青年哪裏的最能闖呢！不問而知。

生活太安逸，就忘了孟子所言的"天將降大任於斯人也"，只有"自強不息"、"全命以赴"，全"力"以赴仍是不足的！

自信心堅定不移

1970 年，那是尼克遜主導美國的日子，當年影響全球最大的事，就是美元和黃金脫鈎，外國不能再用 35 美元來換 1 盎司黃金了。40 多年後，黃金一度升了 40 倍，若能換的話，美國的 8000 噸黃金早已換光了。

尼克遜當然是美國歷來最精明而又最狡猾的總統，但最後又精明反被精明誤，為了水門事件而下台。尼克遜治下最精明一件事，是在 1972 年訪問中國。這緣於戴高樂在 1965 年和尼克遜的對話：“你現在承認中國要比你將來由於中國強大起來而被迫承認她更好一些。”

1972 年，中國當然仍未強大，台灣則由 1949 年至 1965 年仍在接受美援，美元在台灣流通，一直到七十年代仍然如此。尼克遜在《領袖們》一書中寫了訪問中國始末，但始終未提到蔣介石的反應。尼克遜聲稱他和蔣氏夫婦是朋友，談話由宋美齡翻譯。

在尼克遜眼中，蔣介石是一個“自信的人”、“一位出色的政治和軍事戰術家”，但充其量不過是“二流的戰略家”，有兇狠的形象，毫無幽默感；毛澤東則“有一種輕鬆的不可抑制的幽默感”。尼克遜 1953 年就認識蔣介石，成為朋友，所以“與中國接近對我個人來說很痛苦，覺得對不起他”。

書中提到，1982 年時，台灣人均收入是大陸 5 倍，1800 萬人的台灣比 10 億人的大陸，“出口額多一半以上”。但尼克遜在周恩來身上看到中國人“堅定不移的自信心”，而這個自信是“由於享有數千年文化的最高成就而獲得的”，今天仍有效！

自學和上進的樣板

　　中國人廢八股在 1901 年，廢科舉在 1906 年，改設小學堂、中學堂和大學堂等機構，至今 110 年，但"卜卜齋"（私塾）的舊式教育，或者由歐美傳來的新式學校教育，都被時人認為不健全、有毒害，身受其害的名人有 1893 年出生的梁漱溟和 1895 年出生的錢穆，都是在廢科舉時代在小學和中學受教訓。

　　據兩位自道，都不是自小聰明絕頂之人，只是有"向上心，自知好學"，處於亂世，仍能"自學成功"，以中學畢業生，而能任大學講師。梁漱溟説起自學經過，舉《中庸》的"雖愚必明，雖柔必強"，可作借鑒。當時唸中學，時間多用來學習英文和算術兩科，只要經先生開一個頭，好學生即能自學下去，英文文法、代數、幾何，莫不如此。錢穆和梁漱溟各有蹊徑，梁氏很少看中國舊書，好作翻案文章；受梁啟超文章的影響，錢穆則從文史入手，讀書多得人驚。

　　至於歐美教育引進的"樂利主義"、"最大多數幸福主義"、"實用主義"、"工具主義"，還有"競爭性"、"利己主義"，如何照單全收，那又是另一回事。

　　時至今日，"教育制度"改完又改，家庭結構已變成小家庭，錢穆説西方教育教人做"公民"，東方教育則教人如何"做人"，沒有對錯，應是兩者皆備。又有道東方教育不重出有"思辨人才"，那又誤矣。

　　古書中説要"博學之，審問之，慎思之，明辨之，篤行之"五個步驟，行之天下皆準，只是今日父母，一切要替子女"安排，選撰"，而不讓子女"明辨"而已。怪不得東方，至於做一個健全的人，有"上進心"自學就好！

信任而放任

　　1901 年八股取士被停，為毒 534 年；1906 年科舉取士被廢，推行 1300 年的制度亦消亡，是二十世紀中國教育制度的劃時代之舉。

　　當時設立"學部"而不是教育司，教育宗旨定為"忠君、尊孔、尚公、尚武、尚實"。這是由清朝滿洲人主持的事物，當然和時代脫節，和今日理想國中培養"人格獨立、興趣廣泛、頭腦健全、知識淵博、明辨是非"相去甚遠，但求諸百年前的古人，還是滿洲權貴，那是過火了，漢族人如嚴修，是無力回天的。

　　據學部統計，到 1909 年的宣統元年，學堂總數 52348 所，學生 156 萬，5 年間增加了 17 倍，看似有成績，但和 4 億多人口相比，只是 0.4%，清末文盲知多少！

　　然後大清宣統三年就亡了，留下的是一個 90% 文盲的國度，歷史上和五代共列最不堪的軍閥時代，又有甚麼可能有進步？中國到達小康，文盲降為 5%，要差不多兩個甲子，大學生一年畢業近 800 萬，要比清末好太多。

　　當然"死讀書和讀死書"仍然被"有識之士"批評，背誦不是好方法，但少年時背"正氣歌"，中年時背"半半歌"，老年才會安樂歸田園而不必再背誦了。"思維僵化"和"心思偏執"不是中國人專利，歐美人士也有的，無疑歐美人士的"說故事"能力較強，但善於表達，過了火，就是 Promise High Deliver Low。深沉穩重，凡事三思，不一定是壞事，梁漱溟多謝父親的"信任和放任"，才有後來成就。當父母的太多安排，只減弱子女"上進心"，愛之惜足害之。

懶人包一代

2006 年 “反扁貪腐” 大遊行，台灣百萬人上街，2014 年 “反服貿” 為名，“反馬” 為實的遊行，才十一萬人，可見台灣人對黨爭已倦了。筆者台灣老友們，都是辛勤理智熱情又愛惜子女的人，但何以下一代偏又多理盲及濫情，又愛 “懶人包” 呢？ “懶人包” 者，只看撮要，又不尋根問底的事物而已，老友云應與教育有關，以前大學沒幾間，難入難出，培養出來的人多少有些斤兩。如今 166 家大學，每 14 萬人就有一家大學，台灣最愛學日本，這回比日本還厲害，日本有兩年制和四年制的大學共 729 間，也要 17 萬人才有一家大學，大學有何生意經，內裏自有乾坤，撥地、建樓、聘人，都有發財之道，以培育人才為名，何事不可為。

台灣中學生人人可入大學，可以媲美法國，不過法國讀大學免費，還有租房津貼，外國人也可免費，真是天下為公。只不過法國大學還分大眾式大學和精英大學（Grand Ecole），入大眾式大學只憑高中畢業文憑即可，而入精英大學則要經過嚴格考試選拔，即使大眾式大學，亦是 “寬進嚴出”，大學生有一定水準，但仍遭遇今日的青年人失業狀態。台灣入大學更寬鬆，在學生權至上的環境，人人可評估教授業績，又有幾個敢將學生 “肥佬”，台灣中學早有 “放牛班”，任意放牛，所以既有教授以為大陸人吃不起茶葉蛋，亦有大學生問上海有無高樓，每年有 500 萬人次的台灣人遊大陸，觀察到甚麼呢？台灣青年人認為前途暗淡，老人家要全部淘汰才有機會，真的嗎？

大學生的看法

　　一個韓國機構調查了中、日、韓、美、印、德、巴西七國的大學生，問了 4 個問題，對婚姻的態度，對生活的滿意度，對就業的預期和對國家的滿意度。結果頗有啟發性，最愛結婚是印度 75%，第二是中國 73.6%，最不愛結婚是巴西，尾二是美國。如果家庭美滿是人生幸福的泉源，結果很分明。

　　對找到工作最樂觀是德國 53.8%，中國的 53.3% 居第二，最悲觀是韓國只有 21.5%。

　　韓國家長最大投資是兒女學費，全力以赴，但結果甚悲，日本是尾二，美國居然是尾三，可見那個 4.9% 的失業率只是表象！

　　中國學生最愛創業達 61.4%，巴西也有 61.2%，最不愛創業的是日本學生，大概愛當宅男的太多，生活已失鬥志。中國正在創業創新的風氣中，最濃厚處是深圳、杭州、北京。

　　對生活滿意度，平均數是 52%，中國 64% 排第一，隨後是德國、印度、美國、巴西、韓國，日本包尾。日本學生是唯一覺得 "未來不會比現在更美好" 的地區。台灣好像也如此，香港呢？

　　何謂 "幸福生活"，七國各有定義，中、德、巴西是 "穩定的家庭"，中德如此，素有所知，不知道巴西也如此！美、日、印度則是 "內心的平靜"，反映這三地的焦慮頗嚴重，只有韓國學生追求 "經濟支配能力"，還是錢的問題。

　　對國家的滿意度，中國以 56% 居首，其後是印、德、美、日、韓、巴西，巴西羅塞夫 "周身蟻"，不出奇。

　　對社會問題，中、印、韓、巴都是"貪污腐敗"，美、德是"社會歧視"，而日本是唯一的"經濟停滯"。看來大學生們對自己問題都很清楚，好啊！

座無虛設的 "洗腦" 課

　　四五十年前的大學生，上枯燥的課時，大家傳閱 "校報"，看《天龍八部》和《鹿鼎記》度過那一小時，照本宣科只換來無人聽。今日大學生上課看手機，玩 iPad，只是換了方式，所以上課想 "洗腦"，並非易事，還看講師的 "功夫"。若是上的是 "雞肋課"，那是難上加難。

　　在大陸上大學，還有一科 "思想政治科" 是必修科，大部分大學生都認為是 "刻板，說教形同雞肋"，學生不願聽，老師講得辛苦，同學有牴觸情緒，老師不接地氣，"洗腦" 更是難事。但上海復旦大學的一科《毛澤東思想和中國特色社會主義理論體系概論》，卻成為學生的大熱課，座無虛設，原因是老師陳琳是一位 "八〇後"，海歸派，能用 "九〇後" 的語言，講的是人類內心中的 Animal Spirit，由英國作家的觀點，代入三套流行電影，《狼圖騰》、《1942》和《星際啟示錄》，連筆者也有興趣去聽聽這位年輕講師的功架。談到洗腦問題，這位陳琳女士說："在這個課室裏，看我的理性，能否說服你的理性，還是相反。""老師是有洗腦傾向，對的，但我們一旦開始交流，彼此都有這個傾向，我想，唯一不被洗腦的方法，就是獨立思考。"

　　如今的大學生都是 "九〇後"，特質是個性化，好思考，在訊息超載（Infobesity）的今天，只要教材內容和現實生活有反差，就一定存疑，只有從學生角度切入，鼓勵辯論。陳琳的教材有一句是用英文的，a doctrine is not judged at all until it is judged in its best form. 旨哉斯言，不要怕洗腦。

4 近代人物的見解

亂世中的大師們

　　歷史上最能證明的是，只有艱苦曲折的生活實踐才能使作品（不論詩詞歌賦或歷史研究）達到深刻遒勁的境界。由最早司馬遷受宮刑，到杜甫的小吏生涯，白居易被貶為江州司馬，柳宗元被貶為永州司馬，乃有《史記》、《秋興》、《琵琶行》、《永州八記》等出現。司馬光不在政治失意，也不會有《資治通鑒》之面世。

　　中國最後一次天下大亂，當然是清末民初，軍閥時代到抗戰 8 年，這數十年間生活之艱難是二戰後出生，安享和平七十年的人士無法明白的。清末出生，生長在民初的大師們，很多是自學成功，無學位，更無海外學位；民初清華大學四大導師：王國維（1877-1927）、梁啟超（1873-1929）、陳寅恪（1890-1969）、趙元任（1892-1982），前三位都入大師級，三位都無任何學位。陳寅恪遊學哈佛、柏林等大學 16 年，只求學，不求學位，但都是學貫中西。王國維、梁啟超早死，否則成就更大。

　　至於四大史學家錢穆、呂思勉、陳垣和陳寅恪，亦只有陳寅恪有西方經驗，能用西方科學方法來看待中國史料。和他同時的大師少不了胡適（1891-1962）、傅斯年（1894-1950）。傅斯年是天才型人物，但沒有閒暇時間，一生都在奔走管理，到了台灣亦早死。生涯以陳寅恪最苦，飽受紅衛兵之辱而死，得高壽只有陳垣和錢穆。錢穆尚且說一生都在亂世，遑論其他人，胡適在台灣亦發揮不出餘輝，但這批大師和他們的作品，識者還有多少人呢？

恐懼修省天之道

　　2011 年日本行"震卦"，震散了民主黨。2016 年民主黨已合併成為民進黨，進入歷史，"震卦"主出一位祭主，以守宇宙社稷，結果出現安倍，改變了"十年九相"的現象。但要進一步成功，就要君子的"恐懼修省"，在恐懼中能修行反省，就能肩擔大任，最怕的是懼怕自己，怕自己越軌，怕自己違背"天的意志"，做了虧心事，就怕天打雷，這就是《易經》的道理。

　　不管貨幣供應有多寬鬆，安倍經濟學有多道理，股市有多強勁，還是要看"天之道"。中日關係最後如何解決，還是要看彼此"修省"功夫如何。

　　中國人講歷史觀，日本人講價值觀，認為自己和西方價值觀是相同的，但日本真的從男尊女卑、排班論輩中跑出來嗎？當然未有。不過是百年之前，日本使用"漢字"還是普遍的，不信到各大寺廟看看，要不然到博物館也一樣，但日本人沒有歷史觀。中國講再多歷史，也是白費力氣。

　　日本人認為自己是最優秀人種，只能當亞洲領導，敗給美國也不大服氣，要擺脫美國控制是潛意識，怎能臣服於中國？能平起平坐就不錯。民意本就如此，也不必安倍去推動，中日關係在日本人眼中是一盤"零和遊戲"，不是你死，就是我亡，愈是如此，"震卦"愈跑不出來。

　　看唐《推背圖》，李淳風推到二十一世紀，中國行"未濟卦"，象曰："火在水上，未濟，君子以慎辨物居方。"九四爻曰："震用伐鬼方，三年有賞於大國。"說的是"高宗伐鬼方，三年克之"，值得研究《易經》者細細品味！

梁啟超的教子經

留意清末民初的教育，筆者注意到康有為和梁啟超師徒，康有為子女無足道，梁啟超的九子女卻人人讀大學，有留洋，但三人回國當了院士，分析者認為是重在"家教"。

清末民初最大轉變是廢科舉，辦學校，但新型學校只是梁啟超筆下的"販賣知識的雜貨店"，一百年後由雜貨店變成超級市場，如此而已。中國學校師承歐美，都有同一問題，偏重知識而"輕忽其他人生重要之部"，諸如人格修養和身體鍛煉。

一百年前的青年有"知識饑荒"，百年後則有"科技饑荒"，孰優孰劣，各有千秋。大陸教授感歎如此培養一大批"有知識的野蠻人"，但上世紀西方已有"Barbarians at the Gate"。金融精英二十五年前已如此，還有 Enron 呢？所以東西方只是有時差而已。一百年前，梁啟超已歎"東方精神固已蕩然，西洋精神也未取得"，所以惟有"家教"才有效，要培養子女有"通達、強健、偉大"的人生觀；儒家的"克己求仁"、墨家的"勤儉寡慾、吃苦耐勞"，道家的"虛無靜觀"。

"能在任何環境都保持快樂"要磨練，所以儒家三達德在梁的筆下，"仁者不憂"是人格的磨練，不憂成敗，不憂得失，現代不憂股匯的浮沉；"智者不惑"是抵禦各種誘惑的本事，不會"見獵心喜，不能有無汗的金錢"；"勇者不懼"是"平生不做虧心事，夜半敲門也不驚"。

梁啟超一生追求"新民"，但成就不大，最少在教子上是成功的，知道宇宙是不圓滿，《易經》六十四卦始於"乾"，而終於"未濟"，"吃得苦中苦，方為人上人"今人已不知。悲哉！

名實不符的自強運動

　　大清的"自強運動"（亦稱洋務運動）本應始於 1842 年的鴉片戰爭之後，但林則徐被貶，魏源不得重用，《海國圖誌》自己棄而不用，流入日本，成為日本"明治維新"（1868 年）的參考書。

　　"自強運動"雖比"明治維新"早七年，但大清士大夫做事，往往名實不符，凡事"尚感情，唱高調"，即今日所謂"濫情、理盲"，而民間的迷信，亦是大清當時無法接受西洋文化的障礙，當時所謂中興名臣的曾、左、胡、李，沒有一個通外文，善長的是儒家學說。錢穆指這批人是只可以平太平天國之亂，但卻無致治的本領，現代術語是無領袖的才能，"自強運動"不得不敗。這場由 1861 年建立外交部開始，到 1894 年甲午之戰，大敗於日本而終的運動，凡三十三年，花錢無數，但大清已腐敗，自然貪污無數，一切都如文祥所指的"名實不符"。

　　明明艦隻噸數速度在名義上都勝於日本，但有艦無彈，有兵無將，大家都派人員去英國學習海軍，但成績不一樣，亦是有名無實，日本人早知道大清同學們的實力。

　　李鴻章用人，只用淮軍的陸軍將領、不懂海事的丁汝昌，再忠心也不在行，而留學英國的劉步蟾居然是"儒將"，臨陣而怯，用外國僱傭兵，又不通英語，焉得不敗，又是"名實不符"。

　　大清到道光，既無法振興舊文化，又無接受西洋新文化，禮教既不健全，禮義廉恥更不能抵抗帝國主義的火炮，到平了太平天國之亂，更創造了曾國藩的湘軍，隨之李鴻章的淮軍，到袁世凱的新軍，中國變成了軍閥世界，這就是歷史。

自強運動的名人

　　歷史家歎息大清士大夫未能在 1842 年的鴉片戰爭中醒覺過來，浪費了 20 年，要到 1860 年英法聯軍入北京，才恍然覺悟，但較有眼光能力的林則徐（謚文忠）和胡林翼（謚文忠），都在 1861 年去世，所以發動自強運動是兩名滿洲人：恭親王奕訢和正紅旗文祥（謚文正），輔以曾國藩（謚文正），和左宗棠（謚文襄）。

　　清朝的謚號都有章法，文正最高，文忠次之，文襄再次，表示這位臣子對大清的業績。文祥是滿州人中的"秀才教"一份子，以天下為己任，可惜死於 1876 年，只得 58 歲，遺言是"自強運動"要"名實兼備"，不能得個樣，真是大清忠臣。曾國藩死得更早（1872 年），只能含恨而終。謚文正亦算多謝他沒有"取其位而代之"，左宗棠收復新疆亦可算功德圓滿，得年 73 歲（死於 1885 年），沒有遇上甲午之戰，所以留下李鴻章這位年紀最輕，壽命最長的人來獨當大任。

　　自強運動開始時，李鴻章 37 歲，正當打，死於 40 年後，得年 77 歲，但遇上甲午之戰（李已 70 歲），簽了《馬關條約》，還可說敗國無外交，喪了台灣和二億三千萬兩，但 1896 年和俄羅斯簽的《中俄密約》，才是李鴻章的終身敗筆。表面上是俄國援助大清抵抗日本，而俄國可以在東北三省建中東鐵路，但引致 1904 年的日俄大戰於大清土地，以及瓜分之禍。李鴻章又遇上 1900 年的八國聯軍入北京，要由廣東趕回議和，又簽《辛丑條約》，賠款 9.8 億兩白銀，簽完亦老病而死了，謚文忠不得文正，亦有因。

林語堂看日本

在日本二戰投降 70 年之際，讀到林語堂《吾國與吾民》的譯本，其中有關中國的抗爭和對日本的評語（那是 1938 年寫的），如在昨日，日本民族性變化得真慢啊！

林語堂説："這個自命不凡的民族，有預謀系統培養了一種排外情緒，認為除了他們之外，所有民族都是低劣。特別是認為中華民族罪孽尤為深重，不思悔改。"時至 2015 年，日本民眾厭中的調查仍達九成。林語堂認為，這種民族心理烙印不會在一夜之間消失，事實上 77 年後仍在。林語堂又説："日本在軍事上和科技上達到發達國家水平，但道德上卻是完全不合格的。"日本在華罪行，又何止慰安婦一事！林語堂在廈門親眼所見，日本領事館（有治外法權）對日本人開設的鴉片館、賭場、妓院的包庇，在光天化日下進行有組織有計劃的走私，士兵普遍道德敗壞。加上"日本拒絕承認他們是所有反日情緒和行為的源泉"，所以到 77 年後，世人仍然看到參拜靖國神社和安倍説一套做一套的行為，這是有淵源的。

林語堂指出："領袖的無知，將使民眾為其付出巨大的代價。"這個代價是 1945 年廣島、長崎的核爆，但真正的領袖並未付任何代價，甲級戰犯亦只有 7 人，其他都逃脱，兼且當上大官，所以民眾仍要繼續付出代價，又無法阻止領袖任何行為，這是日式民主的缺失。林語堂結論是："這場戰爭的餘音，數十年後仍會不絕於耳。"如今看來，要過百年才有希望告一段落，要日本放棄它內心的高傲不容易，儘管迷失 20 年了。

十六年練不出文字境界

　　上世紀五六十年代，從事教育的兩位大師錢穆和林語堂各自發出感歎，錢穆説："今日人們陷落於物質生活中，已不出人才了"，"三國時代人物眾多，五代最差，不出人才，但仍有開創新文學的人物"，如不幸成為南唐後主的大詞人李煜。"今日青年應能看 2000 年前的國文，又應看 50 年前的英文書"，所以錢穆也是中英文並重。

　　當然錢穆在他的《中國文學史課》是有介紹中文部分，中國古典文學的《昭明文選》中自先秦至南朝的 127 位作者，加上《詩經》就夠了，此後唐詩宋詞、唐宋八大家當然必讀，但中國文學藝術最高境界到了唐朝就到頂了。杜甫的詩、韓愈的文、顏真卿的字、吳道子的畫，"杜詩是集古詩之大成，韓愈則在散文開創了新局面"，和杜甫齊名有李白，和韓愈齊名則有柳宗元，柳宗元是中國遊記之祖，《永州八記》是喜愛旅遊者必讀文章。

　　歐陽修是三百年後接韓愈之文的人物，《醉翁亭記》是他的最高境界，這還未到明清，"四大名著"是有名而止於有名。在錢穆眼中，"四大名著"只是中國文學史的一小部分，但林語堂已感歎，在上世紀六十年代的台灣，大學生 90% 未曾看過《水滸》，95% 未曾看過《紅樓夢》，97% 未曾摸過嗅過司馬遷的《史記》及班固的《漢書》。林語堂又歎不知哪裏來這制度，一人唸書自 6 歲至 22 歲，約十六年大學畢業而"一技無能"。説讀書就該讀書，何以"中文未必通"，"中文秘書未必當得起"，英文秘書也一樣，怪嗎？五十年了！

清末民初三粵人

　　若説 1894 年至 1929 年的三十五年間，社會上的意見領袖是三個廣東人，依年紀是南海康有為、香山孫中山、新會梁啟超，應有點道理。1894 年 28 歲的孫中山托朋友向 37 歲的康有為要求訂交，康有為早已在 1888 年 "上清帝萬言書" 而有名氣，所以回應是要孫中山 "具門生帖拜師乃可"。孫中山有無具帖不知，但去萬木草堂時，康有為已帶了 22 歲的梁啟超上京考進士去了。

　　梁啟超 17 歲已中舉人，比老師早幾年，亦異數；不過 1895 年，康有為中了進士第八名，梁啟超落榜，還是老師識考科舉。1895 年孫中山上書李鴻章被拒，返檀香山成立 "興中會"，實行革命；康有為、梁啟超則成立 "保皇會" 力捧光緒，最恨慈禧、榮祿，但認為光緒英明，未免知人不明，當局者迷，沒辦法，梁啟超布衣封了六品，康有為四品。

　　康有為脱不出 "知遇之恩" 的困局，但梁啟超卻掙脱了，1898 年的 "戊戌維新"，僅 103 天便玩完，所有梁啟超和六君子的公文，亦一紙空文，從未得實施。政變後康梁亡命日本，康有為還寄望日本政壇的大隈內閣可以出兵大清，逼慈禧放光緒，但大隈自己下了台，一切成空。康有為離日本，梁啟超自由了，遇上孫中山，一改先前印象的 "無能為" 和 "陳勝吳廣之流"。和孫中山談興中會和保皇會合併，孫任會長，梁任副會長，但康有為這位 "度量狹隘、見識不廣" 的領袖（宮崎滔天的評價）自然反對，甚至調離梁啟超。梁憑孫的介紹到檀香山，居然收編了興中會的支持者，孫、梁反目。

由周孔到孔孟變遷

　　二十一世紀國學熱再抬頭，"孔孟之道"成為顯學，但根據復旦教授朱維錚的遺作，孔孟之道是北宋王安石變法而登場，取代"孔顏之道"，顏回何以退場，作者未提及。顏回以德見稱，有何作品，不得而知。

　　但"孔顏之道"卻又是唐太宗所推行，以取作"周孔之道"，周是周公旦，是孔子所崇拜，"夢周公"是孔子常做的事，晚年夢不到周公，孔子當作是將死的徵兆，怪乎！但推崇周公旦又是誰呢，原來是漢武帝。漢武帝年輕時"獨尊儒術"，那只是"帝王術"的一部分，漢武帝最多是"陽儒陰法"和"儒道互補"，並未放棄法家和道家，單憑儒術治不了國。

　　"以法治國"那是二千年來莫不如此，"法治"無存，國將不國，所有 CEO 都知道的。漢武帝到晚年，卻推出周公崇拜，無他，衛皇后色衰愛弛，兄弟衛青亦不在了，於是皇太子變了戾太子，父子兵戎相見，皇家悲劇。漢武帝廢了太子，另立年方七歲的劉弗陵，還殺了其生母鈎弋夫人，愛姬也殺，臨終托了位卑卻似忠心的侍衛長霍光，要他當周公。周公攝政七年還政於周成王，但霍光一當二十年，等到漢昭帝死（才 22 歲），再廢了劉賀（只當 1 個月），另立戾太子之孫劉詢為漢宣帝，到六年後霍光死。漢宣帝是流落民間之人，不是無知的深宮之人，霍光之子霍禹要廢他，自然將霍氏滅族。漢宣帝重《論語》和《孝經》，仍重周公，最後王莽借周公名義，改朝換代，王莽雖因重形式而不重推行而失敗，周孔之道仍影響世局達六百年，至唐太宗而止，奇乎！

平生風誼兼師友

讀《梁啟超傳》，讀到梁啟超的老師、老友、學生、對手在他成長那個時代，只能感慨萬千，哀亂世中，人生之短暫，才明白 "苟存性命於亂世" 之不容易。

梁啟超少年時的老師當然是康有為，但早期的康有為尚未出國，見識有限，氣度不足，是以令梁啟超在 22 歲就因戊戌維新而成名。但年紀比康有為更大的黃遵憲，才是令梁啟超大開眼界之人。

梁啟超是在 24 歲才遇上 49 歲的黃遵憲（1848-1905 年），黃 "平生風誼兼師友"，人生能遇 "亦師亦友" 的人物確是幸福的，少花多少冤枉路。黃遵憲被後人譽為當時的政治家，"資望才學，為舊派所欽重，凡所措施，有條不紊，成效卓著"；反對者雖叫罵，但事實俱在，不容抹殺。而康、梁則是 "言論家" 甚至空想家，"資望不足，口出大言而無實際，輕舉妄動，弱點畢呈"。光緒一念之差，用康而未用黃，亦是用人之誤。這一段歷史亦鮮為人知。

黃遵憲 29 歲中舉人，30 歲出使日本為參贊，35 歲任美國舊金山總領事，至 38 歲才返國，閉門寫《日本國誌》，但晚了 10 年才出版，已在 "甲午之戰" 之後一年了，令人扼腕。42 歲出使英、法、意、比，43 歲任駐英參贊，45 歲任駐新加坡總領事，可謂職業外交家，亦是思想家，一早已知 "太平世必在民主"，但到美國所見："官吏之貪詐，政治之穢濁，工黨之橫肆，每舉總統，則兩黨力爭，大幾釀亂，小亦行刺"，於是爽然自失，美國 "文明大國尚如此，況民智未開者乎"。

百年前的美國，亦不外如是而已，讀歷史！

學問的有用無用論

　　梁啟超教子固然注重人格修養（不會學下流是最低標準），追求學問要有
"趣味主義"，研究自己所嗜好的學問，才能保持"探求的精神和勇氣"，才
會事半功倍。

　　但和一切家長一樣，梁啟超也是一名"一手包辦的父親"，由選擇專業、
指導學習、畢業求職、尋求生計，都親力親為，但九名子女，人人趣味不同，
由建築學、考古、圖書館學、經濟學、軍事、火箭專家、社會活動家都有，
只是沒有人入政治圈了。

　　梁啟超的政治生涯，不如他的寫作生涯影響大。梁啟超最少做到沒有"溺
愛"，沒有"棒頭出孝子"，不過梁啟超教子最優處，是以個人經驗來指導學
習。他治學要旨是"細密而踏實，不求虛名，不求急成"，"只問耕耘，不問
收穫"，"猛火熬，慢火燉"，大量吸收後，一定要慢慢消化，才能有成果。

　　梁思成（長子，建築學大師）曾問梁啟超，"有用和無用"的區別，梁
啟超用了唐明皇開元天寶之治的四位名人來說明。唐明皇即位後的兩位名
相 —— 姚崇和宋璟，在當代都是功不可沒，但對中國文化史和全人類文化史
而言，姚崇宋璟之有和無，算不得甚麼事，但天寶年間的李白和杜甫的詩，
若是沒有了，中國文化史會失色不少。

　　詩仙和詩聖自然是比較有用，但不是人人可以當得了，做李杜難，做姚
宋亦不易，人們只能"自審其性，所近如何"，發揮其個性之特長，以求貢獻
於社會。梁啟超強調，學問不能是一塊敲門磚，一旦門敲開了，有樓有車有
享受，學問就變了無用，亦哀哉！

自信力和自負心

　　自公元 960 年的北宋開國，漢民族就面對北方的契丹、蒙古、女真諸族之侵凌，原因都是武力不足。由北宋趙家開始，就是重文輕武，而不是文武兼資，養兵不是不足，到北宋末仍有八十萬禁軍，但連宋江都打不過，遑論北方的異族。

　　宋朝留下的遺產是文化方面，宋明理學主導了中國思想近千年，師祖是范仲淹的秀才教，以"天下為己任"，但這個思想是"非競爭性"和"利他主義性"的，閉關自守可以，一遇外力，沒有武力，一切都成空。但漢族不是沒有自強，據呂思勉的看法，自明太祖朱元璋起兵於長江流域驅走蒙古人，成立明朝的 1368 年開始，漢族以南方為基地反攻了。以前是長江流域，到明末已能據西南抗戰，如南明永曆。到清朝，太平天國更起於粵江流域，震盪中原十五年。到清末辛亥革命，亦起於西南，推翻滿清。第五次是抗日八年，之前亦將沒有使命感的北洋軍閥——消滅。

　　呂思勉總結説，這六百多年來的現象共同因素，是民族的"自信力和自負心"。"自信力是自覺優強，斷不會被異族所屈服"；"自負心是自覺其優良，斷不肯與異族同化"，這兩種力量是一民族所以成為一民族，只要有這兩種心理存在，便立不敗之地，長期戰爭的小挫，而戰爭尚未完結。

　　中華民族每到危急存亡之秋，便有偉大力量發揮出來，這是中華民族五千年文化之所在，所以即使"看似失敗、實甚堅凝"，呂思勉真對。

傳統文化為主為屬

彭麗媛將荷蘭鬱金香命名為 Cathay，香港人當然熟知為國泰，實質西方人因受馬可勃羅影響，將北方中的元朝稱為 Cathay，而南方中國的南宋稱為蠻子（Manzi），要到十七世紀才知道二合為一。而 Cathay 所指是北方的契丹，而契丹乃鮮卑人，宇文氏的別種，建國是耶律氏，遼太祖耶律阿保機建國（907-1125）凡 218 年，比北宋趙匡胤的天下 167 年還長，契丹人的遼國和漢族人的宋國，俱滅於女真人的金國。

遼國歷史悠久，要知道中國北方土地詳情，也要修《遼史》。據《國史大綱》所載，中國東北方，自安史之亂，久不與中國中央相通，此一部分的漢人與異部族武力相結合，而形成一個新國家，就是遼國，從此成為中國本部之強敵，是中國歷史上"一個重要變端"。讀歷史者都罵南宋高宗稱臣金國，但祖先時代已是如此，最早是後晉石敬瑭稱臣契丹，稱兒皇帝，割讓幽薊十六州（又稱燕雲十六州），終北宋之世取不回。這十六州在長城之南，令立國開封的北宋中門大開，石敬瑭本身是西夷胡人，稱不上賣國。自石敬瑭割十六州，至元順帝退出中國，其間 424 年，這一帶土地，長期受異族統治，若由安史之亂算起，先後達六百年，當地漢人不能直接受中國傳統文化的培養，直到朱元璋的明朝才有 276 年的好日子，到清朝又歸滿族的異族的部落統治，自契丹起漢人已不能自保其文化傳統，和異族統治勢力相抗衡，由"漢人為主"至"漢人為屬"的，慘矣。

忠臣少　孝子太多

　　《讀史觀世》得以成書，得力於筆者三讀《國史大綱》。一讀是 18 歲，新亞書院大一必讀之書，考試成績不錯，因為凡論必錢穆語，有若朱熹《四書集註》，但在"知人曉事"皆缺乏之下，只知史實，所得不多。二讀是 40 歲，閒居海外，重拾《國史大綱》，有了二十年的"知人曉事"經驗，較有所得，但《論世》仍以西方觀點居多，功利效率佔了上風，但目睹美國種種，知道歷史興衰的不可擋，美國這霸主也免不了。三讀是 60 歲後，時間充裕，可以細讀其精緻處，乃有所獲。中國最精彩的時代是春秋戰國，思想上有諸子百家，貴族就是戰士，平民間則有遊俠，有尚武精神，講忠孝仁義誠信和平，被罵為專制封建的秦始皇，其實是廢封建，凡事決策由"廷議"，集體決策，到專制是漢朝，大概始於漢武帝。

　　"舊統治權因其脫離民眾而覆滅，新統治權卻又不能依民眾勢力而產生。"每一個政權都要有一個崇高的觀念或理想，四百年的漢朝滅了，因為產生了離心力，各路名士變了梟雄，諸如袁紹、公孫瓚、劉虞、劉焉、劉表、袁術等，全部不忠心要一個統一的國家，國家自然不能成立。到了魏晉，曹操要法治精神治國，但"不仁不孝"也可，有實力就成。到了司馬懿，則"以孝治天下"，不敢講忠。中國從此"忠臣太少，孝子太多"。儒學被閹割，早非本來面目，農民散漫，一盤散沙，再經蒙古人和滿清人兩個外族的統治，中國人血性被摧殘殆盡，直至清亡。清朝人無國家觀念，是悲劇。

儒生與鴻儒之別

　　有問筆者常談錢穆的言論，究竟世上有多少人知錢穆的學説呢？答案是無關重要，言之有理就可，筆者不敢奪美而已。試問時至二十一世紀，世上又有多少人知司馬遷和司馬光呢？他們述的歷史還是漢代以前和宋代以前的事，都是千年以外，最少讀到錢穆、林語堂的作品，還是上世紀的事。筆者一輩還是親歷，如此只是驗證有多準確而已，倒是替這些前代人物定位也不易。

　　再説一位更不為人知的東漢人物王充，此公的《論衡》八十五篇有多少人讀過？王充知名是"博聞強識"，"憤世疾俗"，他將學者分為四類的理論卻流傳千年，林語堂甚至將其譯為英文。

　　一是儒生，通一經已經不得了，是 Specialist，是專家，今日最少也要拿個博士學位，但林語堂卻説：即使是世上學問有成就的專家，也可以"見解冬烘，思路茅塞，幼稚得可笑"。二是通人，Scholar，博通古今；三是文人，Writer，所謂作家，有文章面世，是不是能傳之後世，要時間考驗；四是鴻儒，今之思想家 Thinker。

　　林語堂謂大學四年，無可能教育出上述四種人，能夠知"學問的門徑、有學問的旨趣"，"頭腦清醒思路通達"就大功告成了。這是二戰前的理想，到了互聯網時代，取得問題的答案太容易了，但對現代思想、政治、文學、歷史，能有相當的批評和見解，而不是網云亦云，那可不容易，王充再世，亦無符！

懷念中國老手蒲締肅

　　7 月裏在巴黎和法國老上司午餐，席間告訴筆者他得了食道癌，但胃口尚好，準備 9 月開刀，是否成功，各安天命，蠻看得開的。老上司 10 月就傳來噩耗，雖然望八之年，也不算早逝，但看洛克菲勒年過百歲尚健在，還是早了點，算起來相交三十六載，確是良師益友，更是"中國老手"。當年一起開荒，也冒了不少風險，但他指示下，只要"企得正，企得硬"，於心無愧，一切 Be Yourself，正是行走全球之道。

　　老上司有個中國名字蒲締肅，是音譯，蒲字取自蒲松齡，因為讀過《聊齋》，取個肅字，因為知道關公單刀會魯肅。談起魯迅，看得比筆者還多，只能肅然起敬，何況蒲公手上長有十八、十九世紀法國傳教士寫的老書。

　　問北京金魚胡同，認真考起，因為筆者當年還是誤將錫拉胡同，聽作希臘胡同，如何找得到？上長城要到金山嶺，那都是古書中看來的。遊長江三峽，肯和夫人齊登遊輪上的六人鋪，和另外四位大漢共度三宵，也真是堅忍卓絕，筆者萬萬不能。

　　當年共赴深圳蛇口，那裏有碼頭，飛身而上。深圳當年只有 5 萬人，由羅湖到蛇口是千山萬水，但蒲公説，五十年後誰也不知大深圳有多大，到時是大香港，還是大深圳。如今五十年未到，但大深圳已經 1800 萬人口，這位"中國老手"可甚有遠見啊！

　　蒲公可是中國文化發燒友，連張大千在民國三十六年出版的《摹敦煌壁畫》的限量版都不忘搜購，只不知收藏如此多的中國文物，在法國又流入誰家，懷念啊！

中國音韻之謎

　　讀歷史最大的疑問是，古人說的是甚麼口音；今日的普通話只有百年歷史（1902 年），音韻變化太大了；春秋時代孔子教學是用甚麼口音；秦始皇是關中人，和來自東方的呂不韋、李斯如何交談；張儀六國大封相，是不是方言天才；秦滅六國後，全國官話是不是長安方言？都是充滿疑竇的。

　　西漢劉邦一切從秦制，官話是何？比較可信是東漢光武中興，關中殘破，定都洛陽，從此洛中語成為正統士族語言。由公元 25 年，經魏晉南北朝到唐末，成為官方語言近千年。中原口音是指早期的洛語，歷史學家陳寅恪在他的《魏晉南北朝史講演錄》中有明確的說明。隋文帝命陸法言編 "切韻"，其用音辭是南朝士族所保持西晉滅亡時永嘉南渡以前的洛陽舊音，"洛生詠" 即東晉以前洛陽太學生誦讀經典的雅音。

　　東吳時代的 "吳語"，則是庶人土話，有異於洛陽正音。而同期北朝，中原地區大亂，經二百年的變化，洛陽口音已非永嘉之舊，但陸法言的 "切韻"，仍從洛陽舊音。有趣的是，陸法言乃鮮卑人之後，原姓鮮卑 "步六孤" 氏，對隋唐音韻最大影響的人居然是鮮卑人。

　　至於唐朝用 "唐韻"，本於 "切韻"，宋朝用 "廣韻"，又本於 "唐韻"。唐詩宋詞要用 "當年之韻" 才能正音，用粵語普通話，總是不順，但元朝統一中國百年建都北京，用北京語為基礎，朱元璋雖改用南京吳語，但兒子又遷回北京，滿洲入主北京，旗人漢語，又成主流。

私德和定亂恤民

唐末黃巢作反不成功，因為手下朱溫"背巢歸唐"，而朱溫反而成為滅唐的開國之君，史稱黃巢"粗涉書傳"，屢次考進士都失敗，遂為盜；但從此"進士清流，遂受極禍"。朱溫亦無功名，但因"棄暗投明"，被封為開封刺史，"賜名全忠"，結果最不忠。朱溫投唐後，擁唐昭宗入長安，封梁王，權傾一時，當時有最恨縉紳之流，說此輩"自謂清流，宜投之入黃河，使為濁流"。朱溫笑而從之，將朝中大夫三十餘人貶官："一夕盡殺之，投屍黃河"。所以史上將朱溫定性為"貪食、漁色、嗜私、蔑倫"，連兒子也殺，幸得號稱"五代第一賢妃"的梁王妃張氏所阻。朱溫的私德有虧，是無疑的，但近代史學家呂思勉卻如是說："私德是私德，社會的情形複雜了，論人的標準，自亦隨之複雜"，"政治、道德和倫理，豈能並為一談"。

朱溫最後將恩主唐昭宗篡殺，所以有篡殺之罪，但呂氏認為"篡殺是歷代英雄的公罪，豈能偏責一人？"當大局危殆之際，"只要能保護國家，抗禦外族，拯救人民，就是有功的政治家"。

當一個政治家要盡他為國為民的責任，前代皇帝成為障礙物，就不必"守小信而忘大義"。在唐末五代之際，朱溫是能"定亂和恤民"的，所以呂氏為朱溫翻案，將其定惡評是"未免不知民族大義"。朱溫的不幸是"篡位後六年遇弒"，梁很快就亡。

中國北方是遼國，而中原則入胡族沙陀之手，（五代中唐、晉、漢三代均為沙陀人主政），五代十國，令本為中國文化最高點的長安，從此急墜，永不恢復往日的輝煌。

費盡心機亦枉然

　　梁啟超本人只活了 56 歲，有點短，他的老師康有為死於 1927 年，得 69
歲，但晚年已無作為，另一位老師兼老友的黃遵憲在晚清的 1905 年就去世，
只得 57 歲，否則影響比梁啟超更大，一代思想家死於肺病。但梁啟超的老友
譚嗣同，死於戊戌政變，只得 33 歲；學生蔡鍔，反袁世凱護國成功，但因喉
病而死於 1916 年，只得 34 歲；梁啟超的學生徐志摩，死於空難（1931），只
得 34 歲；梁啟超的戰友唐才常，因起義被張之洞擒，在英租界亦無用，被出
賣了，報訊者是一個理髮匠，死於 1900 年，只得 33 歲。

　　梁啟超屬共和黨，對手是無黨的袁世凱，死於 1916 年 6 月 6 日，三條 6
亦巧也，只得 56 歲，亦短命了，否則遺害更大。但國民黨的第一任黨魁宋教
仁，梁啟超筆下“我國現代第一流政治家”，遇刺身亡（1913），只得 30 歲。
這位青年並未留學歐美，只是流亡日本，有如此本領，帶領國民黨獲得參議
院的 392 席位，成為第一大黨。梁的共和黨 175 席，章太炎的統一黨 24 席，
民主黨 24 席，1913 年中國就有四個黨了。

　　孫中山亦只活了 59 歲，同志仍須努力；另一個對手章太炎，則退守書
齋，成為一代國學大師，得年 68 歲（1936），在當年算高壽了。當然作為梁啟
超後輩的胡適，活到 1962 年得年 71 歲，是“人生七十古來稀”了。至於“費
盡心機亦枉然”的楊度和梁是先友後敵，死在梁兩年後亦只是 57 歲而已。

　　人人命與運俱不同。

寒門之子也有作為

　　印度寒門之子莫迪，64歲上位，創造了印度奇蹟。印度是充滿希望的，經濟要超越中國有難度，但超越日本，順理成章。日本在亞洲既無法成為老大老二，只能向軍事大國進發，這也是日本文化的必然，是否成功，則作別論。

　　印度第一大事，自然是廉政，但寒門之子，並非廉政單方，台灣阿扁，就是實例。即使是自我清廉，如小馬哥，亦非政績的保證，只能獨善其身，不能統領黨內之豪族，經濟民生亦無法改善。小馬哥不算寒門之子，有力去美國讀法學博士，算是次級士族之子吧。

　　從陳寅恪的三國人物論，曹操是宦門之後，是寒門；劉備是遠房宗室，亦是寒門；諸葛亮是諸葛豐之後，是世家相傳的法家，亦是寒門；惟有江東孫策、孫權，是次級士族之後，為江南土豪所擁戴而成家，所以孫吳政治社會的勢力完全操在地方土豪之手。

　　小馬哥唸的雖是法學，但卻不是法家，既無法學曹操之“法術為治”，亦無法學諸葛亮的“刑法峻急”，所以台灣變成公權力不彰的地方。諸葛亮的治蜀方法是：“威之以法，法行則知恩；限之以爵，爵加則知榮，榮恩並濟，上下有節，為治之要，於斯而著。”所以法正要諸葛亮“緩刑馳禁”，諸葛亮只能拒絕。陳寅恪總結三國的政治，魏蜀勝過東漢、袁紹政權和孫吳政權，甚至西晉政治，亦在其法治得當。

　　小馬哥追求歷史地位，但兩岸連貿易協議都無法落實，政績改善要靠奇蹟，只能在接班人問題做得好好睇睇，否則一事無成。

焦慮時代的解救

　　這確實是一個"焦慮的時代"，要"平安喜樂，遠離疾病"固然不易，甚至要"睡得安穩，醒得開懷"也極其難。焦慮其實就是心魔失控，危機管理失效，所以當年輕朋友問何以解憂，筆者只勸他們重讀筆者的《讀西遊 —— 論危機管理》。

　　孫悟空72變，就是人心的72變，"不安、焦慮、痛苦、虛無"只是其中之一。西遊之行，前景是不確定的，成敗是不斷攀比的，分分鐘都要作出抉擇，面對九九八十一劫，無非是世間那些牽絆人的事物。要知人生真諦，只能再看《西遊記》，沒有西征的精神，面對大漠和大海，今日的"一帶一路"亦如此，沒有忍耐、固執和永不言敗的精神，就沒有市場的競爭力。

　　今日戰後嬰兒們，陸續退出江湖，也就是退出焦慮的市場，還未退場的，只能忍耐下去，最艱苦怕是四五十歲的X世代，在"互聯網+"的變化下，終身所學隨時一朝作廢，而當父母的責任卻仍未完成，子女贏了起跑線，入了大學，又怕會自殺，又怕玩獨立。

　　每個父母無非希望子女"安全、健康、成長、成才"而已，如今已是奢望，這個危機如何處理，筆者在書中錄了西遊人物金句，可以細細思量。唐三藏名言："恩將恩報人間少，反把恩慈變作仇，下水救人終有失，三思行事卻無憂。"二十一世紀仍是如此，孫悟空除魔名句："舉手不留情，留情不舉手。"正是危機管理的精粹，"人人有個靈山塔，好向靈山塔下修"，要除心魔要靠自己，《西遊記》最大法是"心經"，心無罣礙，萬世大吉！

5 歷史的殘酷和公正

讀歷史跑馬拉松

　　聽得太多"起跑線"理論，這是極甚短視的，人生是一場馬拉松，在起跑線前過分催榖，只會早早體力透支、腦力不繼。馬拉松比賽非但不必第一個衝出來，甚至遲一點出發，也沒有問題。能有夢想，肯堅持，總有回報的，否則半途而廢，當父母的也許便看不見了，這樣更慘。要孩子有正確的人生觀、價值觀和世界觀，在二十一世紀是必須的，但何謂正確，因時而變，所以培養獨立思考的能力，才是必要。

　　那就是説，容許孩子反對父母的"安排"。"都是為你好"只是主觀願望，而父母的意見一般是"從眾"，跟"大流"。可惜，正確的看法只在少數肯讀歷史的人的手裏，惟有孩子有閱讀的興趣，肯讀歷史哲學，知道過往的"大事件、大人物、大轉變"，才能知道自己在社會上的位置和責任，這場馬拉松才能跑好。

　　沒有人可以憑自己就成功了，一定要有"貴人相助"，貴人一般是師是友，所以善於交友，善於擇友，是佔大便宜。孔子教曰："益者三友，友直、友諒、友多聞。"見到這種人，要飛身撲埋去，當然自己也要有人肯交的長處，若自己是損友範圍，那是要改的。攀比是最負面的條件之一，能給人溫暖是最佳長處。要有世界觀，就是行走全球，看到全球各地風土人情和文明情況，才能包容。

　　"知人、曉事、論世"都可以從歷史中知道，去不了的地方可從閱讀補充，也不一定全部要看英文書，世界上最優秀的書籍都很快有中文版，不過是簡體字版，在網中買書也花不了多少成本，親子共讀是良材。

歷史以漸不以驟

　　説起絲綢之路，不能不令人想起漢武帝時代的張騫通西域，但沒有雄才大略、敢於花費的漢武帝，敢於起用年輕、經驗淺的衛青、霍去病，打敗匈奴，衝出一條河西走廊，今日"一帶一路"亦無從談起。

　　中國歷史轉捩點，不在劉邦打敗項羽，建立漢朝。事實上，由劉邦建國的公元前 206 年，到劉徹在竇太后死後真正執政的公元前 133 年的七十三年間，匈奴在北方威脅極大，漢朝只能嫁公主和親以求一時之安。文景之治，與民生息，無所作為，亦是很屈辱的。到漢武帝即位，氣運轉動，人才輩出，漢朝才真的名震外國，西域七十二國才知有漢。

　　漢武帝作為漢朝最長命（70 歲），在位最久（54 年）的皇帝，用人無數，儒生和武將輩出。出名文人如董仲舒（天人相應論，至今仍不滅），賈誼（陳政事疏）抑諸王、防匈奴、教育太子，司馬相如的賦、司馬遷的《史記》，武帝老師王臧！武將如衛青、霍去病、李廣、李陵，在歷史上都是名將，同時對手是最兇猛的匈奴。

　　漢武帝以獨尊儒術而知名，其實漢武帝之前，政權是由宗室、軍人和商人組合，儒生無地位，非同姓不封王，無軍功不封侯，不封侯不能拜相，所以儒生無上升的途徑。漢武帝打破"封侯拜相"的慣例，拜公孫弘為相是開始，但也不是人人是儒生。錢穆説"歷史之變是以漸不以驟"，漢朝是到漢昭帝和宣帝之後，才是"非儒者絕不能居相位"，所以漢武帝亦只是創先河。執行獨尊儒生，亦是幾十年後的事！

歷史和哲學的作用

　　"歷史和哲學是兩門與如何使政治藝術爐火純青最有聯繫的學科"，但是對歷史和哲學的研究卻是在全世界任何地方都不受重視！

　　政客們只會利用並操縱人們當前的情緒而令自己一舉成名。當前例子當然是美國特朗普的激昂表演，有評論說特朗普現象是當前"失敗者"（99% 對1%）的反擊，是耶非耶？今年揭曉了。

　　選舉結果是理性或是感性，西方哲學向柏拉圖、亞里士多德、笛卡爾、康德、黑格爾、馬克思、尼采、海德格爾等哲學家裏尋。據海德格爾所言，人是生活在"不安"、"焦慮"、"痛苦"的"虛無"處境中，是"不真實的人生"，人在這個處境中就會思考到通過抉擇去選定將來的行動。這個抉擇對美國的"失敗者"而言，就是去投票選出一個有異於平常的總統，所以特朗普式的表現在共和黨眾中有其市場。

　　至於東方哲學對亞洲而言，就是孔孟、老莊、禪宗、宋明理學、朱陸王陽明，到近世的牟宗三、唐君毅。

　　哲學史有 2500 多年，中國歷史更長達 5000 年，所以美國史 240 年，好唸得多，但歷史亦可以是一本戰爭史，西方學者研究過，美國短短 240 年，發動了 53 場戰爭，如何由內戰變成外戰的過程，已堪一讀。中國自春秋戰國時代、三國時代、五代，甚至清代，也是戰亂無數，各有起因，故此不讀歷史哲學，不知理性和感性的來源，如何"止戰"，沒有頭緒。基辛格當了多年策士，是戰國策中人物，當然有所感。"嘩眾取寵"一向是奪權工具，但只有短期作用，嗚呼！

歷史求真相之難

　　呂思勉雖然是錢穆的老師，但研究歷史是後來的事，所以錢穆並非師承呂思勉，不過呂思勉的《中國通史》、《中國大歷史》和錢穆的《國史大綱》，各有千秋，都有可讀性。

　　呂思勉還寫了《歷史研究法》，令專門研究歷史的人有所遵從，其中的一篇〈舊時史學的弊病〉，説出了古代歷史書的種種毛病，七十年後，仍然令人見其有先見之明。呂思勉説：一、歷史上的記載，先是不確實的；二、即使確實，而一件事情，關係極為複雜，亦斷非根據其表面上的記錄所能夠論定；而偏偏批評這些史事的人，往往僅據歷史表面上的記錄，其結果不免於迂腐或膚淺，這樣不但無益於求真，而反為求真之累了。更不要説在中國古代，史家為尊者諱，為皇家諱。

　　到二十一世紀，到了所謂自由社會的美國，也有 2011 年"拉登之死"之謎，何以要找 10 年才找到，何以不生擒？何以毫無抵抗就被擊斃？突擊隊的英雄們何以不得表彰？巴基斯坦政府是知情還是不知情？拉登是真的被軟禁了五年？拉登死後四年反而謎團更多了，這就是歷史的真相嗎？

　　"甘迺迪之死"又如何？尼克遜的"水門事件"的真相又如何？洩密的"深喉"何以要等到幾十年後快死了才表露身份？

　　所謂保密 30 年的重要文件，是真相嗎？名人的日記就是真的麼？寫的時候就有心改寫，誰又説得清楚，所以研究歷史不能只看表面證供。

　　呂思勉為曹操、魏延平反，説出赤壁之戰的真相，評康有為、梁啟超，讀來真是津津有味！

中華文化的未來

　　王賡武教授在論壇上談到中華文化，要大家明白，外國不管五千年中華文化是有多高深，而是看現代中國人的行為是否有文化。很不幸，今日的中國遊客在海外的口碑不怎麼樣，傳媒只愛報道負面消息，中國的土豪、裸官和他們親屬們的行為，確也令海外華僑們搖頭不已。

　　早前端午節的上海小黃鴨事件，又名聞海外了，中華文化中的"罪不及眾"，令公德不存，敢於大家一齊"出軌"，近年更勇於"維權"，所以有機場跑出跑道的事件，在地鐵吃東西反而是小事了。

　　即使號稱"民主自由領航者"的台北市，的士司機亦敢於衝紅燈，筆者問為何，答案是"大官們都不守法，我們小民何必守"，乃有"交通燈只供參考"一語的流行。所以，要中華文化領導世界潮流，還有一段很長的路，正如 Megachange 一書的作者，認為漢語無法在 2050 年前取代英語作為世界語，外國人學漢語是用來做生意的，但要兩個外國人用漢語來交流，難也！無他，學習 6500 個簡體字已甚難，要明白文言文中國古籍，是難上加難，外國人無此耐心和本領。

　　在一百年前，中國人也要全盤西化，"仁義禮智信"被視為迂腐，首先要中國人相信公德和私德同樣重要，在行為上表現出來，外國人才會有足夠誘因了解，中華文化是怎麼一回事，否則單是《六祖壇經》的"煩惱障"，就不知所云。但若譯為英語，內容只是執着自我（Egoistic），貪戀物慾（Materialistic）、躁動不安（Restless）而已，外國人不是整天如此嗎？

由甲午到五四之路

　　甲午之戰（1894年）到120年後的2014年，中國大約可分期四個階段，第一是大清影響覆滅的25年（1894至1919年），為甚麼不是大清亡國的1912年，原因是錢穆說："舊政權解體後緊接着的現象，便是舊的黑暗勢力轉見抬頭，而新力量無法加以統制。"沒有讀歷史的人，不知有此現象，以為一切大好，放手變革，終至失敗。大清在甲午之戰後，王室只知力保權威，但不論朝野，都知道非徹底改革不可，所以先有1898年的"戊戌變政"，不是政變，這是康有為身為在野的白衣，協助一個"有虛位，無實權"的名義CEO，來作徹底改造。

　　梁啟超筆下一流，但畢竟不夠現實，寫下"三月之間所行新政，雖古之號稱哲王英君在位數十年者，其可記政績，尚不能及其一二。"錢穆評為："其實此非新政，更無所謂政績，僅是一紙詔書而已。"一份沒有執行的memo，只是空遺恨，呂思勉評康有為和梁啟超，都是"長於計劃，短於任事"的人。當時曾國藩已死，李鴻章已去死不遠，可以任事的只有袁世凱，但袁世凱又是一個私心甚重、不知大體之人，所以辛亥革命反而令袁世凱得到復出機會，本來只能當一個君主立憲的大清內閣副大臣（大臣是清宗室奕劻），居然當上大總統，這是新勢力還未能壓住舊勢力。隨之而來是向日本屈服的《二十一條》，換來袁世凱的洪憲帝制（1915年）；袁氏失敗，康有為又參與宣統復辟（1917年）；一戰後，列強視中國為三等國，乃有五四運動（1919年），年輕人醒了。歷史變遷都靠年輕人。

中史教學的方法

　　思歷史科要教甚麼成為討論題目，是中史教育一大進步。筆者時代只教"二十四史"加上"清史"就沒有了，其後的北洋史、民國史、中共史，加起來二十八史，只能自己補讀，但已花了半生的業餘時間。如今學子也是夠苦的，所以研究如何教歷史，才是正路。

　　錢穆於 1957 年 3 月 23 日，在香港教師會中文部所講的《中國歷史教學問題》，值得翻出來再讀，要考慮初學歷史的年青人的了解力，才能收歷史教學的功效。

　　筆者在《讀史觀世》一書中，早已提出錢穆理論中的"曉事、知人、論世"，能令到學子達到這種修養，就不會和時代潮流隔絕，所以此文過了 60 年，也不會過時。

　　錢穆建議講授歷史，可分三層次來講，"一以事件為中心，二以人物為中心，三以時代為中心。"講歷史如講故事，講"三國"，必講諸葛亮借東風、火燒赤壁；講水滸，必講武松打虎、醉打蔣門神。講人物到三國，又怎能不知曹操、劉備、孫權、司馬懿等角色。講到時代，由桃園三結義，到赤壁之戰，到關公敗走麥城，大意失荊州，諸葛亮病死五丈原，好人時代結束了。讀完《三國》、《水滸》，誰忠誰奸，人人清楚了；不必去讀朝代的藝術史、思想史、文學史，太專門了，學生無興趣，更不必講新名詞，如封建社會、專制政治等等，不必講文化，更不必有創見。初學歷史才知加減數，不要教微積分，專門抽象的理論，徒增初學生的意見，卻並未給予學生的知識，如此教學，本循循善誘之道，又何來"洗腦"之驚呢！

現代歷史科成必修

日本國際大學校長北岡伸一，在一篇談及日本侵略和殖民統治的文章中說："不僅是年輕人，日本人對現代的理解淺薄，令人震驚。"筆者相信，不僅是日本人，香港人也是如此。

北岡伸一說："作為歷史研究者來說，這是可恥的。"解決方法是"加強歷史教育"，明白過往何以故意減弱歷史教育，日本人說是怕"失去自豪感"，那是自欺欺人的。北岡建議要打破日本史和世界史的藩籬，"網羅政治學、國際政治、地理等各方面的專家，設置現代史科目"，並"要求學生必修"。有人教不難，有預算就可，要學生必修，那就要有點功力，同時教科書的內容也要正確，如何修正過往錯誤的陳述，不單是日本的問題，香港恐怕也是如此。

唸現代歷史不能有功利主義，對打工無幫助就不唸，這種觀念要廢棄了。作為一個現代人而不知現代史，過去百年發生甚麼一無所知，令人可笑。

作為管理者，無文史觀念，亦去不到多遠。當然要統一歷史認識是不容易的，單是慰安婦和強迫勞工兩個問題，中日韓的看法就不一樣。日本年輕人認為不必為祖先負責，也不必道歉，但如果不知道歷史，不知反省，如何防止再戰呢？

香港當然沒有發動戰爭的問題，但香港過去一百多年如何由清末、民國、共和國之外走過來，如何在改革開放中變成金融中心，國際間的政治風雲如何影響這彈丸之地，反省過去，勾畫未來，本都自要了解這段現代史，其迫切性和日本並無分別，人口都在老化呢！

合縱連橫平戰亂

　　中東局勢有如戰國，孔孟的"仁者無敵"肯定無人接受，所以當時出現縱橫家，著名的是蘇秦、張儀、公孫衍、陳軫、蘇代、蘇厲。戰國時代，以商鞅變法的秦最強，其他諸侯較弱。《戰國策》說："戰國之時，君德淺薄，為之謀策者，不得不因勢而為資，據時而為畫。"若看當時蘇秦要說服的燕文侯、趙肅侯、韓宣侯、梁襄王、齊宣侯、楚威王，都是德薄之輩。孟子都剛剛見過梁襄王是"望之不似人君"。齊宣王則是"寡人好色，寡人好貨"，自然聽不進"仁義之道"。

　　整個春秋戰國，孔子之道未嘗行，但蘇秦則以"合縱之道"，先說服最弱的燕國，送蘇秦"車馬金帛"到趙國，趙國封蘇秦為武安君，送"飾車百乘、黃金千鎰、白璧百雙、錦繡千純"，去約見其他諸侯，一切順利，各部"敬奉社稷以從"，於是蘇秦當了六國的"縱約長"，"並相六國"。由此可見，六國雖弱，財富還是有的，只怕強秦，有了蘇秦的"六國為一"之計，秦人恐懼，不敢窺兵於關中，天下無戰爭共 29 年。中東若出了蘇秦，天下太平 20 多年有多好。

　　美國基辛格若年輕 40 歲，回到中美密交的時光，或可當以重任，當前沙特和伊朗兩大陣營已成形，後面又有美、俄，但蘇秦、張儀的合縱連橫之計未出，戰火不燒 29 年，無人敢相信，這就要看世運了。蘇秦能動之以眼前的利害，懼之以可怕的後果，對齊宣王、梁襄王這一批德薄之君，是有效的。最後六國之敗，在蘇秦、張儀都死了之後，齊王建拱手事秦，六國乃滅。歷史是殘酷而公正的。

親貴豪傑亦分黨

漢武帝 17 歲英年就位，在位 54 年，期間人才輩出，主因是一改前朝只用貴族、軍人、商人組合，而能萬流競進，沒有品位的人物也可拔為宰相，儒生董仲舒、賈誼、公孫弘，司法張湯，財政桑弘羊，出使張騫、蘇武，武將李廣、衛青、霍去病，太史公司馬遷，都不是貴族。

不過當時武人從軍，有分豪傑從軍，如李廣、李敢、李陵三祖孫，是為"良家子"從軍，又稱義勇軍；衛青出身馬夫，因衛夫人之弟得寵而進；霍去病則是衛夫人姨甥，被豪傑人士視為親貴從軍，但當時親貴和豪傑是分為兩黨，互不敬重。所以衛青、霍去病雖然大破匈奴，建功絕域，錢穆譽之為"一種進取勇決無畏之風"，十分可敬，亦是漢人最缺乏的，豪傑仍擁護李廣、李敢。

霍去病 18 歲從軍，23 歲就深入匈奴大軍而建奇功，封侯；而李廣卻無緣當前鋒，始終不得封侯。事實上霍去病用兵，不遜於西楚霸王項羽，唐人有詩"借問大將誰，恐是霍驃姚"，論軍功，霍去病勝於李廣，是無疑的，但豪傑不重親貴，所以不服衛青、霍去病，亦是有的。

太史公因李廣之孫李陵下獄，受腐刑，所以錢穆説太史公抑霍揚李甚明顯，讀《史記》亦要先知背景，但太史公寫霍去病"雖寥寥落筆，亦精神畢顯"，可見太史公，筆力史才。歷史上人人有其命及其運！

霍去病 29 歲因染病而亡，漢朝一大損失。到漢武帝之後，皇帝又恢復和親賞賜，才有王昭君的故事，而供給南匈奴車氏每歲 1 億 90 餘萬，西域則7480 萬，令人扼腕！

孟子同代的對手

　　孔子周遊列國十四年，但只去了齊、衛、宋、陳、楚諸國，最後返魯，沒有去秦，也許秦在西北太遠，還未強大。到孟子出行，場面是“後車數十乘，從者數百人，傳食諸侯”，看來是有門徒不少，但孟子見到的諸侯，不外乎梁惠王、梁襄王、齊宣王，好像也沒去見秦惠王。

　　據錢穆分析，戰國時代的“平民學者的聲氣和地位，實更超孔、墨之上”，但當時貴族諸侯最歡喜的學說是“陰陽五行、天文地理、長生之道”。直到秦始皇、漢武帝時代，仍然如此，大概沒有一個時代的人是不喜歡“風生水起”之道。孟子時代的對手共有五派，孟子只是“義仕派”的代表，但他要反對其他各派，如“勞作派”的許行、陳仲；“祿仕派”的公孫衍、張儀；“不仕派”的田駢、淳于髡；“退隱派”的莊周。其實當時最神秘的是鬼谷子，他四大門徒：張儀、蘇秦、孫臏、龐涓，名震諸侯，流傳至今。

　　公孫衍、張儀“一怒而諸侯懼，安居而天下熄”。孟子困於齊、梁，被齊宣王和梁惠王的冷遇，總比孔子在陳蔡捱飢抵餓好一點。而同期的名士鄒衍不可同日而語，到齊是“重於齊”；到魏，梁惠王要“郊迎”，執賓主之禮；到趙國，平原君迎接，“側身而行”，還要用自己衣裳來“撇席”（打掃一下）；到燕國，燕昭王親自拿掃把為其清道，執弟子之禮，還新建一座碣石宮給他講課。太史公距孟子時代才二百年，鄒衍還是大名鼎鼎的。

　　陰陽五行只是中國古代物理學，當然是玄之又玄，妙之又妙，但諸侯們又懂甚麼呢！命好運不濟就亡了。

諸葛亮後人和家風

筆者出版的《讀三國‧論管理》再版之際，仍無法解答諸葛亮的後代如何，是否兒子諸葛瞻和孫子雙雙在抗魏中戰死，就完結了嗎？何以後世人又有諸葛村，説是孔明後代呢？直到偶讀《諸葛亮集》，才有答案，但仍未得到全部解答。首先在《襄陽記》中，介紹諸葛亮外父黃承彥，乃襄陽名士，建議嫁女給孔明説：“聞君擇婦，家有醜女，黃頭黑色，而才堪相配。”孔明同意，即載送女到孔明家。當時順口溜：“莫作孔明擇婦，止得阿承醜女。”這個醜是黃承彥的謙辭，還是民間以訛傳訛，孔明並無解釋，當年是幾歲，歷史家照例不記，這是讀史的難處。但據《蜀誌》：諸葛亮婚後未有子，要向大哥諸葛瑾將他的次子諸葛喬過繼為嗣，諸葛瑾同意，但正在東吳當大官，乃求得孫權同意，才送諸葛喬到四川。

諸葛亮以諸葛喬為嫡子，拜為駙馬都尉，隨諸葛亮到漢中，已經 25 歲了，這時諸葛瞻當然尚未出生，諸葛喬早死，在阿斗當皇帝的第一年就死了。諸葛亮死於阿斗當皇帝的第 12 年，所以嫡子死了，才生諸葛瞻。諸葛瞻在諸葛亮死時才 8 歲，何以黃氏如此遲才生育，同時還連生三個？到晉武帝統一後，居然要封漢朝各名臣之子，蕭何、曹參、鄧禹的子孫都來了，諸葛亮後人不來，最後找到諸葛亮的三子諸葛懷，要封爵，但諸葛懷拒絕，用語是諸葛亮上阿斗的用字“臣家成都有桑八百株，薄田十五頃，衣食自有餘饒”，確守家風也，佩服！

諸葛瑾保家之法

　　在三國時代的前期，諸葛家族名震天下，"一門三方為冠蓋，天下榮之。"試想諸葛亮在蜀做丞相，諸葛瑾在東吳當大將軍，族弟諸葛誕在魏國亦是高官，但三國的君主，都信之不疑，甚至諸葛亮以大哥的次子為謫子，劉備亦不介意。

　　劉備孔明、孫權諸葛瑾的賓主關係良好，打工才有意味。孫權拿諸葛瑾開玩笑，因諸葛瑾面長如驢，所以牽了一頭驢來，上寫"諸葛子瑜"，（子瑜乃其字），諸葛瑾的長子諸葛恪還年少，但用筆墨在"瑜"字後添"之驢"二字，立即化解了尷尬場面，孫權大悅，從此重用諸葛恪。到諸葛瑾死，諸葛恪已封太傅，諸葛瑾的爵位要由三子諸葛融來襲爵，可見諸葛恪在東吳的地位。但諸葛瑾卻非常不看好這位嫡子，常說他是"非保家之子"，這位官二代，真實如何已不可知，但德行不如乃父，是肯定的。《吳書》曰："諸葛瑾才略雖不及弟，而德行尤純，妻死不改娶，有所愛妾生子，不舉，其篤慎皆如此。"意思是說諸葛瑾除了諸葛恪、諸葛喬、諸葛融三名正室之子外，尚有妾生兒子，只是不舉薦為官而已。

　　諸葛恪在孫權在位時，意氣風發，但換了主子，就被族誅。《吳書》評語"素性剛愎，矜己陵人，專擅國憲，廢易由意，假刑劫眾，大小屏見。"結果父子三人被斬首，"懸市積日，觀者數萬"。時人評曰："當人強盛，山河可拔，一朝贏縮，人情萬端，言之悲歎。"千年之後，仍如此。諸葛恪死，三弟諸葛融亦被誅，還需諸葛喬的後代歸宗才算得家，諸葛瑾亦風險分散也！

各種紅利的總和

　　《讀史觀世》中，談到中國和東盟遠景比較樂觀，談到日本台灣則比較悲觀。原因很簡單，關乎人口紅利、資源紅利、對外開放紅利（FDI）、制度紅利，改革紅利五者，大家逐項比較，便可了然於胸。

　　至於誰當領導，影響不了大局。人口紅利關乎勞動力人口的教育程度和年齡健康，這兩點日本和台灣都去到盡，加上少子化，又抗拒接受移民，要保持純種，這是無可奈何的。中國則仍有無限空間，農民工的文化水平改進之大，是筆者親歷的。

　　日本和台灣都是欠缺資源的地方，能源更是百分之百缺乏，在反核聲中，再下去也是如此。貨幣貶值更令紅利消失。日本和台灣都是"一人一票，全民投票"之地，初期紅利是有的，但日久只會產生只知法律條文不知經濟管理為何物的政客。全球雖也差不多，但日台為甚。後遺症已出現，小圈子中無經濟人，無管理人，所以《經濟學人》雜誌推算，日本往後的 GDP 增長，在 2050 年前，只能是 0.9%，台灣若失去中國大陸的讓利，也只能和日本看齊。莫說時運不濟，命該如此。

　　中國大陸的官員雖與選票無關，但卻是千錘百煉地冒出來的。GDP 增長當然不可能永遠保持 7% 至 8%，《經濟學人》只提出 5%，但相對北美的 2.3%、北歐的 1.8%，仍是領先的，往後增長是撒哈拉以南的非洲地區有 5.5%，但中國仍有改革紅利，環境改善勢在必行。中國人離安逸還很遠，可以改革，而日本和台灣安逸太久了，已"迷失 20 年"，仍無法推動起來，如果投票可以改善經濟，早就好了。

佛出救不得

　　歷史學家最能自娛的一件事是替古人翻案，文雅點說是辯誣，上世紀呂思勉替王莽、曹操、魏延翻案，都是精彩的文章。王莽被白居易一首詩，說"謙恭下士"只是作態，蒙冤千多年，政治家誰不做戲，只怕不夠假；而王莽的變革，只是執行古代社會學家的理論，事敗不在王莽，而王莽之後，漢人的"禪讓理論"解體，從此"一家一姓"為主，才是悲劇。

　　後人不知也，曹操也是大政治家，面對是"貪婪、強橫和狡詐的對手"，毫無手段是行不通的。"一個大政治家是一個時代大局安危之所繫。因為政治總是把這一種勢力去壓服那一種勢力的"（呂思勉語），雖非戰爭，其性質實和戰爭無異，不能自保者必勢危，證諸二十一世紀，東西方俱如此。魏延被判有"反骨"，蒙冤於《三國演義》，但要造反應是向北降魏，而不是南還去除楊儀。魏延和楊儀兩敗俱傷，只讓蔣琬漁人得利，佔了諸葛亮的遺缺，歷史便由勝者改寫了，如此而矣。

　　《國史大綱》中，錢穆亦替馮道翻案。馮道是五代十國的人物，當時黃河流域民眾疾苦，火熱水深，難以形容，而馮道歷事五朝八姓十一君，轉工轉到暈，今人視之只是轉工多矣，無所謂廉恥與否，但當時大眾尊為長者，活到七十三，與孔子同壽。當時能壽真不易，馮道之功在能周旋外敵而保存民眾，契丹耶律德光兵入開封，馮道說："此時百姓，佛出救不得，惟皇帝救得。"馮道一言，中國人免於夷滅，功大極了，錢穆說："世運至此，何可更以禮義廉恥責當時人物。"月旦人物者三思。

兩個馬年國運的大變化

　　2002 年這個馬年，筆者由金融局中人變身為金融觀察員，好處是不上身，也不上心。這一年歐羅面世第三年，被炒家打得七零八落，1 歐羅只兌 0.88 美元，比面世時 1.18 下跌 34%，"歐羅倒矣，歐盟散矣"之聲四處，但十二年後的 2014 年馬年，1 歐羅兌 1.38 美元，十二年間，唱衰歐羅之聲少得了嗎？

　　歐債風波由最弱一環的希臘而起，10 年希臘債超過 20%，但 2014 年，希臘重出江湖，10 年債息有望 5.8%，可見一切短線預測都是虛妄，但從中獲利者，自稱有眼光；到頭一場空者，禁聲不言，這就是現實的金融世界。

　　同樣，這兩個馬年之間，"中國崩潰論"，"中國硬着陸"之聲不絕於耳，這批人原自對中國數字不可信的一輩，既不信，為何又拿來分析，豈非自欺欺人？

　　筆者倒是相信國運論，國運影響到制度、戰略和信仰，南懷瑾在《老子他說》中有點不經意提到，中國國運之變在 1987 年，其後任何風波都是小波折，歷史的暗流，到此浮現。筆者亦加以討論，文章收在《讀史觀世》一書中。中國是貿易大國，大英帝國在"日不落"之時，亦有所不及，全球的跨國企業 TNC，不論大小都雲集中國，有統計說達 49 萬家。隨着新興市場興起，東盟、非洲、中亞，海上絲綢之路、陸上絲綢之路的重新開發，已超越漢唐的全盛時期，GDP 在 7.5% 上下浮動已無關重要，全球貿易中國佔 12%，才是實際。這只是兩個馬年的變化，不看歷史只看短線，作用不大。

主權線和利益線

　　1861 年，大清洋務運動。1868 年日本明治維新，這時候的東亞盟主仍是大清，清日關係是不對等的。僅僅十年後的 1871 年，清日在天津簽訂了《修好條約》和《通商章程》，清日關係已成為平等了。

　　1874 年，日本揮兵入台灣，清日又簽了《北京專條》，大清付款 50 萬兩白銀，才令日本從台灣撤軍，並同意將琉球人民稱為 "日本國屬民"。1875 年日本不准琉球向大清進貢。1879 年琉球亡國，求救於大清，李鴻章只能是 "有心無力"。

　　1880 年日本思想家福澤諭吉提出 "脫亞入歐"，但骨子裏是攻佔全亞洲。日本學習西方，有完整的作戰系統、情報系統、後勤系統。大清只有在紫禁城內的軍機處，《孫子兵法》不在八股科舉之內，當然無人讀。1887 年日本提出 "攻清計劃"，1890 年又有 "攻朝計劃"，大清無情報系統，當懵然不察。1889 年，日本第三屆首相山縣有朋在國會發出施政方針，應該上報了吧，大清仍無反應。

　　山縣有朋明說獨立國家之道有二：一是守護主權線，二是保護利益線。用現代語言，主權在日本海岸線和島嶼，利益線則以朝鮮為焦點，加上中國、琉球、越南、緬甸。而朝鮮、琉球、台灣是必佔之地。這是甲午戰爭（1894 年）以前四年，大清的洋務運動人士在幹甚麼呢？1891 年和 1892 年還將鐵甲船訪問日本，以為是展示實力，實則被日本知道自己的虛實。而清日派去英國讀海軍都是同學，但日本貴族回來主政，大清學生則向無識的滿洲人報告，慘哉！

教科書裏的外患

　　1815 年，那是大清嘉慶二十年，拿破崙遭滑鐵盧之役，兵敗被囚於聖赫勒拿島，1816 年見英國訪華大使，説出醒獅論，勸告英國人不要驚醒中國。英國人等了 24 年，才發動鴉片戰爭，大清簽《南京條約》，五個口岸通商，割讓香港，上海應運而生，那是 1842 年了，至今凡 172 年，中國才要算真的醒了。

　　這 172 年內，發生火燒圓明園，多少國寶被燒被劫走，至今尚未歸還，而國都為外兵所侵，是第一次，那是 1860 年。大清士大夫半睡半醒之間，在 1861 年推出洋務運動。到光緒這個倒楣皇帝，1879 年日本滅琉球；1880 年俄國佔伊犁；1882 年俄國定喀什噶爾東北界約；1884 年中法戰爭，失了越南；1886 年英國取緬甸；1893 年英法共謀暹邏，廢止入貢；1894 年甲午戰爭，1895 年割台灣、失朝鮮。

　　《國史大綱》中，只提"中日戰爭"，"歷次賠款，國庫益窘"，何以對甲午之戰，如此輕描淡寫，奇也。連日本教科書對甲午戰爭的發展進程記載亦非常簡單，只是交代了最基本的日期和數字匯總，稍為説明此戰對整個東亞的地緣政治帶來的變化，對讀教科書應付考試的學生而言並無大用。韓國的中學教科書則説明："中國為了籌措給日本的戰爭賠款，以領土和權利為擔保向列強借款"，"中國淪為半殖民地的狀態"。

　　值得一提的是，大清三次向外借款，一是俄法銀行團借 4 億法郎，4% 利息，分 36 年還；再加上二次向滙豐德華銀行借 1600 萬英鎊，利息分別是 4% 和 5%，分 36 年到 45 年還。大清亡了，北洋軍閥仍在還，銀行家膽子夠大了。

6 歷代君王的功過和命運

600 年後才轉身

　　觀乎中華民族 600 年來的國運，第一次決定性是 1405 年至 1433 年，鄭和七下西洋，已去到非洲了，只要繞過好望角就和歐洲正式接軌了，但朱棣沒有那麼長命，甚至孫子朱瞻基亦只得 37 歲的壽命，不然下西洋這古代絲綢之路不致中斷，檔案亦被一名小官員而廢，中國痛失 300 年。到清人入關，康熙皇帝少年得志，亦好學，收集 700 餘名洋人傳教士在清宮，研究西方天文地理科學。康熙在位 61 年，只認識到西方千百年後，可以為害中國，但沒有想到要東西文化並蓄，晚年只顧諸子爭位，並未要雍正、乾隆留意西洋之學。到乾隆末年，英使訪華已是 1792 年。如此這般，400 年光陰已經浪費了。

　　中國人口由明朝萬曆的 6000 萬，增至乾隆末年的 4 億，文盲增加了多少？中國人口多而知識弱，士大夫只知八股文章，東西文化皆不通，文盲達九成五，國勢何能不弱？清末龔定庵慨歎："世之衰，徵於無才，而無才則於無培養。"衰世特徵是甚麼才能之人都沒有，連賊都是無才賊。滿清放棄一切培養人才之心，而在對岸的日本，地方只有中國二十五分之一，雖然德川幕府封國，但已向荷蘭取經，謂之"蘭學"，成為明治維新的試金石。清朝則在吏治人心挽不回之下，又過了 100 年，乃有甲午之敗。中國士大夫是部分醒過來了，但人數太少，不培養大眾，不減少文盲，中華民族沒有希望。直至 1978 年改革開放，等了 600 年才轉身！

漢代劉氏的壽算

讀漢朝歷史，發現劉邦子孫都不是長命之輩，也許是兩千多年前，醫術不發達，當了皇帝也不能長命。

秦始皇求長生，其實活不過 50 歲，劉邦打了半生的仗，42 歲才當皇帝，只得 53 歲，兒子漢惠帝只得 24 歲、漢文帝 46 歲、漢景帝 48 歲。漢武帝 70 歲是最長命，正是太長命，太子等不及，父子相爭，太子變了戾太子，後代貶入民間。

漢武帝傳位給他 62 歲時才出生的小兒子劉弗陵，這位漢昭帝 8 歲即位，但只活了 22 年，執政是漢武帝寵信的霍去病的弟弟霍光。漢昭帝無後，帝位又傳回戾太子之孫劉詢，是為漢宣帝。漢宣帝來自民間，霍光死後取回政權，漢朝中興，但漢宣帝亦只活了 43 歲，傳位漢元帝，已到王昭君出塞的時代，漢朝又和番了。

其後的漢成帝雖在位 26 年，但亦只得 46 歲，王莽已出現，之後的漢哀帝死於 25 歲，漢平帝 14 歲而崩，最後一位孺子嬰只得 2 歲就禪位於王莽。王莽篡漢是儒家學説的禪讓論發揮作用，王莽 "吃了死貓" 2000 年。

東漢由光武帝奪回帝位，這是劉氏第二長命的皇帝，得 62 歲。其後漢明帝 48 歲，此後每況愈下，章帝 33 歲、和帝 27 歲、殤帝 2 歲、安帝 32 歲、順帝 30 歲、沖帝 3 歲、質帝 9 歲。最差勁的桓帝（36 歲）和靈帝（34 歲），漢朝實亡乎此二人。而因《三國演義》而知名的獻帝劉協在位 31 年，遜位至卒 14 年，得年 54 歲，比祖先劉邦多活 1 年，要多謝曹操、曹丕父子不下殺手。東漢王室的墮落，與劉氏諸帝年壽不長，當然極有關係，但亦捱了 196 年！是命還是運呢？

漢武帝主力出擊不誤

　　太史公司馬遷的 45 年生命，恰巧落在漢武帝在位的 54 年內；太史公出生，漢武帝 22 歲，在位五年了，太史公死於漢武帝前四年，所以《史記》是在漢武帝死前完工，其中對漢高祖劉邦和漢景帝都有暗諷，居然沒有被燒毀。

　　漢武帝晚年，火氣已收，要知把太史公變 "太監"，亦是漢武帝的 "傑作" 之一也。當然太史公應有兩手準備，一書兩份，藏之名山，日後終有出山之日，但漢武帝已到 "輪台罪己" 的時間，晚年悔恨，也是常情。

　　漢武帝史上有劣評，因為專以開邊生事，打匈奴，浪費國力。但錢穆認為，面對匈奴這類 "文化較低，政治組織較鬆的民族"，主力出擊比 "畏葸自守為勝"，所以征匈奴並無錯。漢武帝錯在 "內政方面有種種不需要的浪費"，諸如封禪，巡狩等。漢武帝自歎 "一生賞人無數"，但卻無人封賞自己，所以 "封禪，巡狩" 就是自我獎賞，只是花費無度，就是大錯。

　　漢武帝這種 "好大喜功" 之人，每日的喜怒哀樂，就是聽征討匈奴的戰報，勝則喜、敗則怒，也是喜怒不由人。而派出去的大將，既有親貴，亦有豪傑，要相信哪一位亦大費思量，做皇帝也苦極。最後 "匈奴雖敗，中國亦疲，故為後人所不滿。" 錢穆總結中國歷史，"大抵中國對外，其病不在決心討伐，而在好大喜功，窮兵黷武，以及從此引起的種種浪費。" 結論是這屬 "內政問題"，"昧者乃專以開邊生事為大戒"。所以看世道，還是看內政如何，內政既佳，外患乃不是問題，固本培原是良方。二十一世紀亦是如此。

宋神宗的首富之夢

外國何以將宋神宗列為古代十大巨富之一，莫名其妙！宋神宗不是要王安石變法圖強失敗的嗎？如果當時十分富強又何必變法，但北宋確有厚碩實力，在宋神宗死後才 16 年，就讓兒子宋徽宗大力揮霍，最後甚至亡國，所有"動產"都被金人劫到北方。當年金銀財寶和美女們，結果如何不得而知，但宋金皇族和宮女們大混血，可以想像得之。

宋徽宗是史上著名的好色皇帝，後宮佳麗達萬人，單是退位時遣散宮女就 6000 人，否則北上美女更多。宋徽宗的好色紀錄是"五七日必御一處女，得御一次，即升位，續幸一次，進一階"，北宋當宮女也有升級制，是宋徽宗傑作，在位 24 年，得子 32 人、女 34 人。

史上另一好色之人的曹操，在建安 36 年內也不過得子 25 人，康熙在位 61 年，得子 27 人，也未超宋徽宗之數。據説康熙不好色，信乎！宋徽宗第九子趙構，就是南宋高宗，也有宋徽宗的 DNA，極其好色，當王子之際，只生了 5 個女，全部被金人劫了北上，有等於無，但在逃避金人追捕之後，居然得了陽痿之症，從此無後，但不等於不好色，只是變態而已。

宋高宗是南宋開國之君，趙姓中興之子，但要向金國"稱臣納貢"，加上殺岳飛，才得簽下《紹興和議》，1138 年 11 月簽和議，12 月殺岳飛，和議中還有"不許以無罪去首相"，秦檜自此獨相 18 年。不過，岳飛被捕後"不進飲食，唯求速死"，最少免了斬首，但還是逃不過宋高宗的殺手，宋神宗死後不過 70 年，全副身家輸清！

"房謀杜斷"子孫不保

　　"房謀杜斷"是指唐太宗兩大功臣房玄齡和杜如晦，史上稱為美談，但到子孫都差點被滅族，他們並未禍及子孫，卻被子孫所禍，是帝王時代的慘劇；單是"寵辱不驚"，已不能自保，更保不了子孫。杜如晦是貞觀四年就死，房玄齡則一直支持到貞觀二十二年，幸保宦海風波中不失。房玄齡教子不可謂不認真，"集古今聖賢家誡，書於屏風"，要三個兒子留意，以保身成名，房玄齡次子甚至娶唐太宗女兒高陽公主為妻，三子遺則娶唐高祖六子荊王之女為妻，都是皇親國戚。但到唐高宗永徽三年，高陽公主和房遺愛，連同荊王李景元，以及另兩位駙馬爺薛萬徹、柴令武，合謀廢唐高宗，奉荊王取代，最後兄弟爭爵，老大告老二謀反，房遺愛被殺，諸子發配嶺南，房遺直降職為銅陵縣尉，房家從此一落千丈。杜如晦次子杜荷，在貞觀十七年，參加太子承乾謀反，被處死，杜如晦長子杜構亦由刺史貶黜嶺南即死，杜家亦中衰，甚至是在唐太宗時代就完了。

　　唐太宗的托孤大臣，妻舅長孫無忌和名將李勣，亦不得好結果，長孫被籍沒，近親皆流嶺南為奴婢，李勣死後，唐高宗還為他輟朝七日示哀，但李勣孫子在他死後15年，起兵反武則天，兵敗而死，李勣被"剖墳斫棺，挫骨揚灰"，連姓也改回姓徐。到唐中宗即位，恢復官爵，但已死不得安寧。這正是號稱盛世的唐朝，其他朝代還得了？讀歷史只能令人浩歎，唐人追求功業，勇退亦難！

傀儡皇帝的必然

　　二戰七十年重遊大連旅順，當年關東州，日本關東軍所在地，參觀旅順日俄大戰的戰場，才感覺到讀"甲午之戰"只讀了半截。

　　《馬關條約》日本得到賠款外，還得到台灣和遼東半島，但由於俄、英、德的干涉，日本收3000萬兩放棄了遼東半島，大清看似割少了很多地；但事實上，李鴻章這位"懼日派"兼"親俄派"，兩年後簽了中俄密約，大連旅順一帶的遼東半島海岸線，租了給俄國人，稱為"關東州"，脫離了東三省，時為1898年。而日俄之戰後，1905年，關東州成為日本租借地，從此以關東州為基地，準備佔領東三省，東北這段時間亦是失控。辛亥革命後，軍閥割據，主要是張作霖、馬占山等。

　　日本侵華其實自甲午之後，並未停止過，只是一個長期計劃。日本侵華三大戰犯，本庄繁、板垣征四郎、土肥原賢二，活躍於東北和天津一帶，到處收買漢奸，最重要當然是間居在天津靜園的末代皇帝溥儀。當然溥儀是滿洲人，只能是滿奸。1931年9月，本庄繁發動"九一八事變"，佔領奉天，即今日瀋陽，同年11月，發動"天津事件"，將溥儀運到奉天，成立滿洲國。這一年，溥儀才是26歲的青年，智囊團又無高人，面對已是55歲的關東軍司令本庄繁、48歲的大特務土肥原賢二和46歲奉天特務機關長板垣征四郎，無論智力經驗都不能比，除了當傀儡皇帝外，沒有選擇，但看天津靜園的規模，溥儀當假帝，仍比在天津的生活好，受不了誘惑，是理所當然的，何況是溥儀！是二上二落的命！

曹操才是三國偶像

　　錢穆講文學史，講到曹氏三父子也是津津有味的。魏武帝"雅愛詩章"，魏文帝"妙善辭賦"，陳思王"下筆琳琅"，後世人奉曹植"七步成詩"、王粲《登樓賦》是建安文學兩大好手，但錢穆則提出不可小看曹操詩作。

　　諸葛亮、周瑜都爭着學曹操"御軍三十餘年，手不捨書……，登高必賦，及造新詩，被之管弦，皆成樂章。"單是《短歌行》的"對酒當歌，人生幾何，譬如朝露，去日苦多……"已可是建安文學的壓卷之作，還有《龜雖壽》呢！都是普羅大眾的平民詩，可以流行暢銷一時，曹操簡直是三國時代的偶像，只是被羅貫中醜化了。據錢穆所説：諸葛亮，羽扇綸巾，指揮三軍，他作《出師表》，亦如與朋友話家常，學的是曹操。曹操在軍中，"意態安閒，如不欲戰"，周瑜雖在赤壁的火攻大敗曹操，但在作戰時，背後在聽戲，學的也是曹操。曹操風流倜儻，到了羊祜，官至尚書左僕射這等高官，在都督荊州之際，亦是"輕裘緩帶，身不披甲"，學的還是曹操。曹操是三國時代偶像中的偶像，是無疑。曹操的文體是輕鬆而有親切感，值得一讀再讀，如《述志令》，寫來有如羅斯福式的"爐邊夜話"，下令不如述志，由年輕時的生活瑣事講起，講述自己的生平，以朋友的口吻閒話家常，創出風格和兩漢不同的新文體。只可惜魏晉到了南北朝，寫文章的都是門第內的豪梁子弟（今稱之富二代），生活不豐富，對社會各階層接觸不廣。"人生缺乏磨煉奮鬥的經驗，死氣沉沉、沒有活力"，要等到唐朝才神完氣足。今日如何！

君臣相知佳話

　　中國歷史上的行政管理，自秦朝以來都是君權相權互相制衡，君臣共治。董事長和總經理互相尊重，開會議事是大家都坐着的，直到宋朝趙匡胤才改宰相要站着報告，是宰相的大不幸，但最大不幸是明朝朱元璋的洪武十三年（公元 1380 年），正式廢相，董事長兼任總經理。

　　這也是二十一世紀美國最流行的模式，權力鬥爭，古今中外如一，美國企業管理比中國還差了六百多年呢！本來精明的君主和執行力強的宰相是天衣無縫的，但世上偏偏更多的董事長要 Hands on，效率不免減弱，思考未必不足。

　　自古君臣向來相互合作，是秦始皇配李斯，或是唐太宗和魏徵？兩者都不是，唐太宗最多是忍住魏徵的諍言而已。宋仁宗也不是全力支持范仲淹，一遇群臣反對，也就從眾了，只玩了 11 個月的變法，從此就不提。在位四十年，有意作為的宰相，也是無事可幹，不管是誰，若處宋仁宗、宋英宗之世，"將一無所言，一無所行，優游卒歲"。對只想過太平世的員工，有此董事長，也是不俗，但美式管理，優游無事，就要玩合併，政治鬥爭，只為保位而已，於世其實無益，只是更多人失業而已！

　　事實上，君臣相知，最好的是宋神宗和王安石，還是忘年交，神宗 20 歲和 48 歲的王安石，"義兼師友，言聽計從，了無形迹，未有若茲之盛也。"但儘管如此，王安石也不是事事報告，可行即行，宋神宗也要將這位老師兼老友兩次解聘，一切自己來。這段君臣佳話，也只有七年而已！

專制暴君的卓識

　　日本人拚命竄改教科書，拚命不承認南京大屠殺的人數，其實就如秦始皇的"焚書坑儒"，二千多年後也無法改，反而秦始皇的大功績和歷史卓識，無人理會，只留下暴君和專制的惡名。日本大概也如是，自己不認是無用的，除非是永遠的勝利者，秦二世而亡，就是教訓，不讀歷史之過也。

　　錢穆在《國史大綱》中，其實頗有替秦始皇翻案的味道，看人必要功過齊看，聖人也有過，何況是更易犯錯的 CEO 呢。且不論秦滅六國，造就中國版圖的確立，中華民族的組成，中國政治制度之創建和中國學術思想的奠定。秦始皇能不以貴族為重，而與來自東方的平民如呂不韋、昌平君、李斯組成一個東西混合的政府，與平民共治，雖"貴為天子，子弟下儕齊民為匹夫"，更不封建，放棄分封諸子，原因是"天下共苦戰鬥不休，以有侯王，天下初定，又復立國，是樹兵也。"反而是平民出身的劉邦，一得天下就封了韓信、英布、陳豨為王。在位十二年，為了廢異姓王，刀兵再起，百姓又苦，其後異姓不封王，但劉氏子孫無教育，諸侯王國太腐敗，到漢景帝三年（立漢朝 52 年後），又有七國之亂，征戰息，到漢武帝 25 年（80 年後），封建王國問題才得解決。可見秦始皇之卓識、漢高祖之無知，秦始皇和李斯君臣，廢封建，立郡縣，"天下一家，可望永久太平。"錢穆說，封建難免兵災，此種"平天下"是當時一種純潔偉大的理想，"後人空以專制譏秦，殊欠平允。"人云亦云，至今不息。

千古遺恨的禁船詔書

　　海上絲路從亞洲到歐洲，是由麥哲倫副手 Elcano 完成的，開啟了歐洲由 1500 年至 1945 年的 445 年霸權，然後才由美國接手，才七十年而已，但由南洋至東非那一段，最先走的卻是大明朝的鄭和。

　　鄭和七下西洋（1405-1433 年），歷經大明的成祖朱棣、仁宗朱高熾、宣宗朱瞻基三爺孫，其間朱高熾的重臣“三楊”是反對下南洋的，但朱高熾只當了一年的皇帝，所以鄭和第七次下西洋是在朱瞻基時代。朱瞻基是在爺爺朱棣手下長大，是支持下西洋的，其間還有一件令人可惜的事，是安南（今越南）得而復失的事故。

　　據呂思勉中國通史所載，安南在五代時脫離中國獨立。明成祖在 1406 年，因其內亂，將其征服，在安南設立交趾布政使司，同於內地。但安南貨物到中原即成異物，其利百倍，山高皇帝遠，中央管束不及，地方官多貪污，而明朝的太監可以外出，到安南又橫暴太甚，安南屢次背叛，到朱瞻基登位的第二年（1427），即棄安南，所以安南在明朝重隸中國版圖只二十二年而已。

　　明朝的三大臣 —— 楊士奇、楊榮、楊溥之沒有世界觀和歷史觀如此，影響深遠。鄭和若有牙力，恐怕非如此，但鄭和死於第七次下西洋，28 年辛勞，毀於一旦，但事情未止於此。朱瞻基雖有“蟋蟀天子”之名，有點小嗜好而已，也算是英明的，但英年早逝，只當了十年皇帝，37 歲就死了。英宗朱祁鎮上位才 9 歲，太皇太后臨朝，1436 年登位之初，一紙詔書，禁止建船，禁止保存兩桅以上的船舶，千古遺恨，下此詔書之官員罪人也。

三大發明虛擲

　　在西方歷史家的眼中，中國的三大發明：印刷術、火藥和指南針，對中國沒有甚麼影響，但對西方卻是爆炸性。中國印刷術只能用來傳播四書五經等古老文化，而不是新思想。火藥並未發展成新型武器，而指南針亦只給鄭和七下西洋作了領航作用，但西方人卻用了來作世界性範圍的探險、貿易和帝國的建立。

　　西方文明的獨特性、多元化、適應性強、擺脫舊文明的枷鎖，令到西方在十五世紀後強大了，但東方的大明帝國的文官系統，這次不是當時才九歲的明英宗，卻自動放棄了那可以控制海洋的技術和財力。

　　試想鄭和船隊的發揚光大，中國航海技術比哥倫布和麥哲倫早了一百年，鄭和下西洋，經過菲律賓是在 1405 至 1433 年之間，而麥哲倫由南美來到菲律賓是 1521 年。這一百年間，大明只知有葡萄牙來了澳門，而西班牙的力量大部分用在南美。1520 年征服墨西哥，1530 年征服秘魯，對大明是秋毫無犯。大明的下半葉雖然有三大昏君（正德、嘉靖、萬曆），但也是民間商品經濟繁盛，資本主義萌芽的時代，中間有張居正的十年勤政（1573—1583），財政穩健。

　　中國南方商人缺乏西方商人所擁有的政治權力和社會地位，無力反對海禁，只能用走私的方式，而不能大事擴張，明末鄭芝龍就是海外事業大龍頭。西方人說：“中國人將其令人生畏的才能和精力轉向內部，慎重地放棄了在歐亞大陸，最終在世界事務的領先地位。試想中國商人首先跨過好望角發現歐洲，那又是甚麼世界！”這是國運！

獨裁而不負責的萬曆

　　根據黃仁宇的說法，萬曆十年，明朝"百事轉蘇，欣欣向榮"，北方的"虜患"已不再發生，東南的"倭患"也已絕跡，當然是"權臣"張居正獨裁的功勞，明朝還是有得救的，但張居正以壯年 57 歲就死了，"優柔寡斷"而又好色好財的萬曆自由了，但卻還是被三個女人所影響，一個是母親李太后，一個是鄭貴妃，一個是替他生長子常洛的小宮女王氏。

　　萬曆當了 48 年皇帝，李太后死於萬曆四十二年；鄭貴妃更命長，萬曆八年（1580 年），她 14 歲嫁於萬曆，到崇禎三年（1630 年）才死，幾乎影響了萬曆一生。鄭貴妃生了萬曆的第三子常洵，封為福王，出於私心當然想兒子當皇帝，但明朝家訓，"有嫡傳嫡，無嫡傳長"，皇后王氏雖無子，但活到萬曆四十八年，和萬曆同死。萬曆亦無法廢后，更無法廢長，一來有廷議，二來有李太后，鄭貴妃再精明幹練，也只能拖，而大權在握的萬曆，只獨裁而不問政事，有空缺不補，"萬事不理，以為天下常如此"。

　　錢穆評之為，"全國政事歸皇帝獨裁，皇帝又不向任何人負責，朝政頹廢墮弛至此，亦歷史中的奇聞。"最大件事是"九邊歲餉缺至 80 餘萬"，但一切奏章，天子束之高閣，明朝焉能不亡。到萬曆四十年，福王不得不去洛陽就任，建邸靡費 28 萬兩，獲賜莊田 40000 頃（規定 1000 頃），在群臣反對下減半，再獲賜淮鹽 3000 引。福王橫徵暴斂，藩庫有金錢百萬，超過大內倉儲，最後人民作反，福王被煮成"福祿羹"，是報應！運盡便如此！

千年不可拔之基

　　崇禎 17 歲上位，當了 17 年天下之主，卒之亡國，不是不努力，不是不節儉，但萬曆留下的爛攤子無法收拾，張岱評之為"焦於求治，刻於理財，渴於用人，驟於行法"。變革不是不多，但"訖無一用"。

　　張岱認為崇禎最大失誤，是將宮中內帑，看作"千年必不可拔之基"，不肯作公家之用，於是乎"日事居積，日事節省，日事加派，日事借貸"，很明顯是理財無方。試想萬曆聚斂 38 年，內庫有多少錢，死是帶不去的。還有叔叔福王更厲害，藩庫比大內倉庫存錢更多，最後亡國，錢都去了哪兒？給李闖王，還是滿洲人？愚不可及。

　　明朝是亡於經濟破產，民窮財盡，滿洲部族不來，也是亡了。明室財政三大禍，一是內府，二是宗藩，三是冗官（武官尤甚）。王室驕奢，單是用廚役已經 4000 多名，連伶人亦可當官，多至千人，俸祿數以十萬計，錦衣衛 1.7 萬人，工匠 1.5 萬人。萬曆開礦，收礦稅 300 萬兩，錢都去了哪裏？明朝的宗室"分封列爵，不農不仕"，最高封親王，長子襲爵，次子及以下封郡王，郡王次子封將軍，將軍分鎮國、輔國、奉國，再下來封中尉。到萬曆年間，有郡王 251，將軍 7100、中尉 8951，加上郡主郡君縣君 7713，天下供京師之糧，"不足供諸王府祿米之半"。萬曆年間，已是"無缺不鑽，無官不賣"，田地珍寶，皆以"非分非法得之"，所以出現李自成、張獻忠，早就應出現，不必等到崇禎年間。所以崇禎 17 年的勵精圖治也是枉費心機，宦官當政，亦只是表象而已。

寬仁與紀綱孰重

　　朱元璋 40 歲以平民登位，距上一位平民皇帝劉邦已過去 1574 年，天下大部分時間還是皇二代和軍人的。朱元璋算長命，做足 31 年，71 歲才死，但兒子們都等不到登位，老大老二老三都死了。老四朱棣 39 歲，絕對有做封建君主的能力，但封建制度的嫡子制，令皇孫朱允炆當上皇帝。

　　朱元璋若細讀歷史的話，當然知道漢有七國之亂、晉有八王之亂，都是同姓作反。朱元璋雖然努力盡殺功臣，但卻無法控制諸藩王奪位，要知他封了多少王？秦、晉、燕、齊、代、肅、遼、慶，在北方手握重兵就有八位。

　　時人評論，天下有三大憂，指宗藩、邊防、河患，而 22 歲的朱允炆，性格柔弱，是儒家的好學生，只知改祖父朱元璋的“猛治”改“仁治”，進行削藩，實則逼反。漢朝七國被平，因為朝中尚有大將；到明朝，功臣武將俱被誅，實力最強就是諸藩，燕王不成功，其他王也來，朱允炆幾乎是必定失位。

　　當時朝鮮國王李遠芳（李氏朝鮮太宗）看中國，不解何以“建文寬仁而亡，永樂多刑殺而興”。多刑殺又豈止朱棣，老父朱元璋是模範，“無一日無過之人”，“禍不止於一身，刑必延乎親友”。大臣每日上朝都要與家人告別，為官乃作虎穴遊。朝鮮大臣趙浚發表意見，“徒知寬仁而紀綱不立”是朱允炆失敗的原因。奪位後的朱棣則“保證紀綱”，維護中央，爭取朱允炆留下的儒臣們最大限度的合作。“勿與朋比，勿事貪贖，勿怨情縱慾”，說得很明，進退之際恩禮俱至，儒生很快歸順了。

明朝前功盡棄於一人？

　　明清兩代，大部分時間都採用"片板不准下海"的閉關政策，理論根據來自朱元璋這位平民天子。他説："海外諸蠻夷小國，阻山越海，僻在一隅，彼不為中國患者，朕決不伐之，只因得其地不足以供，得其民不足以使令。"只是徒得虛名，並無實利。

　　當時東南亞的小國超過 100 個，中國人去了佔地為王也不少。當時還有"不征之國"的名單：朝鮮、日本、琉球、安南、真臘、邏羅、占城、蘇門答臘、爪哇、溢亨、白花、三佛齊、渤泥。到了二十世紀，就是東盟各國，只是合併起來。

　　朱元璋傳位採行嫡子制，長子死了、傳孫不傳子；但幼孫太年幼，鬥不過 40 多歲的四叔朱棣，朱棣卻是一個好大喜功之人，當朱元璋的話是耳邊風，除了派使臣出西域，和在撒馬爾罕的帖木兒帝國示好之外，就是派鄭和七下西洋。至永樂二十二年朱棣病死北征回程之中，七下西洋的壯舉立刻變成弊政，這項"朝貢外交"只是"費錢失事"之舉，被當時保守派的儒家分子所廢。理由是："三保太監下西洋，費錢糧數十萬，軍民死且萬計。縱得奇寶而回，於國家何益？此特一弊政，大臣所當切諫者也。"

　　到明憲宗初的 1467 年，想找出鄭和出使西洋水程的檔案，當是負責的一名兵部郎中居然説："舊案雖存，亦當毀之，以拔其根。"舊案從此失蹤，中國的航海技術倒退幾百年，東方文化交流，中國手工業海上貿易和科技技術從此中斷。這位名為劉大夏的郎中，是明代奇葩，遺毒無窮！

亡國之君的典範

　　明成祖朱棣自己是奪位而來，但在傳位時亦遇上同一個問題，嫡子朱高熾，身體胖到行動不便，有心臟病免不了，所以只能培養皇孫朱瞻基。果不其然，朱高熾繼位一年便死，朱瞻基繼位，二叔朱高煦造反失敗。

　　朱家在保家嫡子上失敗，可一不可再，朱棣知道姪兒朱允炆失敗的原因，所以教孫家訓是"不能生長深宮，狃於富貴安逸，不通古今，不識民間艱難，經國之務，懵然弗究"，這是亡國之君的樣板。朱棣可謂深知家天下完蛋之因，但何以明朝自朱瞻基後，個個如此，如果沒有張居正十年之治，大明亦早已不支。肯定是這個家訓，並未傳於子孫，而所有皇家師傅，亦忽略了這回事，只知修齊治平，而不知"天下之事不可不知，人之艱難不可不涉歷"，才是教太子正道。

　　封建社會利用孔子之道作宣傳，但只留保家第一，難怪人有"孔子之言滿天下，孔子之道未嘗行"。封建皇帝有作為者（沒作為者不用說），所本有三："大一統"、"四夷臣服"、"百姓富庶"而已。到二十一世紀，封建沒了，"大一統"仍未消失，"四夷臣服"轉為"四鄰和睦"，"百姓富庶"太難了，"百姓小康"就好了，不必貪心。

　　終大明之世，人口不過 6000 萬人，三大患之二是北方外族和黃河之患。朱棣要四鄰臣服，乃五次北征，22 年中 12 次生日是在外地過，可謂操勞過度。第五次北征，65 歲老人仍如此，單是北方天氣就吃不消，沒有那個封建皇帝肯如此搏命，謂之"好大喜功"，可惜後繼無人！

父子對着幹的明朝

　　二十一世紀，獨孩世界，父子關係尚可以"父不知子，子不知父"，只有猜忌而無信任。在古代，一父數十子，那有甚麼接觸和相知？所以有漢武帝和戾太子，唐玄宗和唐肅宗，清康熙和廢太子，幾乎無代無之。

　　明太祖朱元璋和他的四兒子明成祖朱棣，也好不到那裏。朱元璋要傳孫，朱棣就要奪位；朱元璋要"一塊木頭不准出海"，朱棣就派鄭和七下西洋；朱元璋不准重用太監，在洪武十七年鑄鐵牌，置宮門內，曰："內臣不得干預政事"；朱棣索性遷都北京，鐵牌不搬，從此宦官可以"出使、專征、監軍、分鎮、刺臣民隱事"；朱元璋要太監不許識字，當然被廢。朱棣奪位，得太監為內應，自此信任太監。

　　鄭和當然是個好太監，但其他人未必是。到朱棣設立東廠，司偵緝之事，從此多事。還有錦衣衛橫行，但錦衣衛是明太祖自己傑作。此後明憲宗設西廠，明武宗時太監劉瑾增設內行廠。明熹宗則重用魏忠賢，廠衛"備極刑慘"，政府機關全部不理。所以崇禎17歲上位，殺魏忠賢，大快人心，以為是明君一個。明代中葉，出了三個昏君，明武宗在位16年，荒淫無比；明世宗和明武宗是兄弟，是昏庸之人，但在位45年而不倒；最後明神宗（萬曆）在位48年，怠荒而貪，不上朝二十多年，明朝局面遂不可收拾。明朝自武宗即位的1506年至崇禎上任的1627年，共122年，內憂外患，朱元璋始料不及。正所謂，"運到天地齊使力，運去君皇不自由。"

自毀於不救的明朝

　　明朝十六個皇帝，277 年，除了開國的朱元璋和朱棣，能被稱道的只有明宣宗和明孝宗，是相對清明，其中明仁宗和明光宗做不到一年就死了，惠文帝做了四年就被趕下台，其中兄弟相傳凡四次。明英宗做了十四年，寵信太監王振，土木堡之役被也先所擒，變了囚徒。弟弟接位七年，結果英宗"南宮復辟"，再次上位。弟弟死得不明不白，但英宗亦只幹了 7 年而無業績，兩兄弟都年未過 40 就死了。

　　明代十六帝，居然有 9 個未過 40 歲，朱元璋傳下甚麼遺傳基因，而最長命的兩個卻都是昏君。明世宗朱厚熜，得年 60，在位 45 年，重用嚴嵩 20 多年，在位年間，杖殺大臣，遠超前朝，單是嘉靖三年一案，下獄廷杖者 134 人、病創而死 18 人。嘉靖十四年，獄中文武官員達 140 人，"公卿之辱"前所未有，明朝之濫刑、濫殺，加上東廠西廠，有識之士，誰肯做官，令明朝"自陷於不救之地"。

　　崇禎上位用刑頗急，大臣多下獄，崇禎的"亡國之臣"，大都下場如此。崇禎因濫殺亂殺，以至於"賞罰太明，而至於不能罰"，"制馭過嚴，而至於不能制"。崇禎殺袁崇煥，自毀長城，錢穆評為"非罰之明而馭之嚴"，將大臣人人視為魏忠賢，"皆曰可殺"。崇禎無人可制，相權已不存，是朱元璋所造成，無得怨。明朝皇帝殺人，"殘酷無理，殆為有史以來所未見"。讀史之人，無人願意回到明朝，"反清"可以，"復明"不必了。明朝能有一仁宗，惟只做了 10 個月就死了。明朝皇帝不仁，可以定論！當明朝之民亦無運！

永不加賦非仁政

　　1800 年是所謂 "和珅倒，嘉慶飽" 的開始，但有多飽，是王室飽，還是政府飽，沒有透明度，人民肯定不飽，因為稅不會少收的。在八十八年前的康熙五十一年，康熙因為收不到丁稅，索性順水推舟，說往後 "滋生人丁，永不加賦"，是為德政，事實上是騙人的。

　　呂思勉分析其原因，"從前每州縣的丁額，略有定數，不會增加"，因為增丁就要增賦，要增收十分困難，所以州縣不會自討苦吃。因此，康熙從政幾十年，丁口都沒有增加，到康熙五十一年（1712 年），人口還是 1 億左右，所以後人歌功頌德，是沒有歷史知識。拖到雍正，立刻 "攤丁入畝"，就是將人丁的賦攤入地糧，免得再去查人丁多少，州縣也就好做些。但在康熙時代，民間早怨，"不苦於賦，而苦於賦外之賦"，正如附加費，清代稱為 "火耗"，即將碎銀融成銀錠的費用，人民也是苦不堪言，賦外還有稅，關稅鹽稅，那是非直接稅，正如日本要加消費稅一樣，絕不會無影響。

　　八十二年後，嘉慶時人口已三億人，增加三倍，而人均土地已由康熙時代的 8.26 畝，跌到嘉慶時代的 2.3 畝。清代最弱是二十二年後的道光二年（1822 年），人均土地僅 1.7 畝，即使到 1901 年的光緒末年，人口已 4.3 億，但人均土地仍有 2.1 畝。道光最不好，遇上英國最鼎盛的維多利亞女皇年代，道光十九年開始鴉片戰爭，乃有 1842 年的《南京條約》，割香港五口通商。上海這一年只有 23 萬人，172 年後增了 100 倍，誰料到。

曾國藩不做皇帝之謎

　　1864 年，曾國藩大破太平天國，野史是説手下眾將要擁他為王，"東南半壁無主，老師豈有意乎？"是手下試探的密件，曾國藩非但不敢，還將密件吞入肚中，這是一個謎。

　　論者謂曾氏以中國道統自居，怕被後人定位為"亂臣賊子"。其實不然，太平天國本來就是反滿族部落政治而成家，曾國藩循歷史潮流，何懼之有？事實上曾國藩這一年已 55 歲，距死只有 7 年而已，老病在身，當皇帝只有速死（袁世凱豈非如此）。當然，曾國藩是明白人，內憂外患都見得到，"廟堂無人，國將不國"。滿族由慈禧，到恭王、倭仁，都是才短識薄，餘者更是碌碌，"甚可憂矣"是太客氣了。曾國藩和部下談大清之亡，不出 50 年，結果大清亡於 1911 年，由平太平天國起，只 47 年而已，在華外國人又怎看呢。

　　1874 年，曾國藩死了幾年，取而代之是李鴻章，但大清國已是"人心散渙"。太平天國的散兵遊勇為避難，已經移民智利、阿根廷等南美國家，留下來的漢人亦不會支持滿洲人。而西方的中國通指出十大毛病：一、行政通道不暢；二、畛域界限太分；三、冗閒官員太多；四、選才不適於用；五、民間賦税太微；六、官員俸酬太薄；七、國家兵力太弱；八、軍事防守太疏；九、士人自命太高；十、自利之心太甚。20 年後，1894 年就發生甲午之戰，日本人謀之 20 年，但大清情況，絕不是秘密，列強俱知大清之弱，曾國藩生前已知無力改革，得半壁江山無用，老曾有自知之明也。不是無皇帝命！

由創立到毀滅

　　20 歲的萬曆在老師張居正死後，就進行清算，是少年意氣還是為財，已無可追查了，但清算務必株連，受連累的是一代名將戚繼光。這位剿滅倭寇，又是北守長城的英雄人物，死於貧病交迫。遇到這種老闆，也是命也，但大明亦從此“失去重整軍備的最好良機”（黃仁宇結論）。

　　戚繼光死於 1588 年，三十年後，大明的官兵和努爾哈赤的部隊交鋒，缺乏了戚繼光苦心孤詣擬訂的戰術和強調的“組織紀律”，大明軍隊“眾不敵寡”，大清八旗軍崛起，取代大明，也只是時間的問題。

　　努爾哈赤七大恨告天，是 1618 年，亦是萬曆四十六年，萬曆走到盡頭了，大明亦距亡國只有二十六年。黃仁宇結論，帝國走到發展的盡頭，時勢表面上仍是“四海昇平”，但實質上“國匱民貧”。那麼不管是誰，由皇帝、首輔、將領、文官、思想家，無分善惡，統統不能在事業上取得有意義的發展。所以，不管萬曆死後是他兩個兒子常洛還是常洵，兩個孫子天啟還是崇禎，不管袁崇煥還是吳三桂，只能身敗，或者名裂，甚至兩者兼之，這是“大歷史”的趨勢。

　　崇禎上位，不明乎此，作了十七年的掙扎，自稱非“亡國之君”，那也是真的，大明比他糟的皇帝有很多位，但時勢至此，即有賢臣，亦只能苟延殘喘，無法力挽狂瀾。萬曆怠工四十八年之久，即使張居正復生，亦無計可施，何況大明文官系統已發展成熟，皇帝只有生殺之權，而無實施意願之法，朱元璋創立之秩序二百多年後已屆毀滅之期，運也！

英雄奸雄一步之遙

　　如果曾國藩是清代第一流人物，那麼袁世凱就是清代第一流奸雄。英雄和奸雄在開始時是分不開的，要看最後結局才知道。袁世凱要稱帝，就是向奸雄的路跑，但當局人總是看不清。當時連袁氏自己幾個兒子都在議論紛紛，老大舉腳贊成，因為可當太子；老二絕憐高處多風雨，是反對，但袁氏已在高處不勝寒；老三老四老五則在爭論老父是王莽、曹操還是桓溫，最後結論是桓溫。但桓溫並未篡晉，篡晉是桓玄和劉裕，結果桓玄兵敗被殺，劉裕登基三年才死。

　　袁世凱當了 83 天皇帝，然後暴死，看來更似桓玄，死後名聲也差不多。袁氏三子論父雖云"大不敬"，但終歸"估錯了"。袁世凱本有英雄氣概，亦是少時不愛讀書之流，沒有書生習氣，而運氣好，每到轉捩點都安然渡過。兩次考舉人失敗，棄文從武，外派朝鮮 9 年，卻在甲午之戰前夕得英國駐韓大使朱爾典之助，逃了一劫，反得升遷。1898 年戊戌政變，不選光緒，選了慈禧，又躲了一劫。1900 年，八國聯軍入京，袁氏小站練兵，又躲了一劫。1906 年，因官制改革，危及大清皇室政權，被慈禧罷官，半年後復起，升了當軍機大臣。1908 年，慈禧死，光緒之弟攝政，袁世凱只能下野，但免了一死，有了再起的基礎。1911 年，辛亥革命，袁世凱復出，時人居然認為收拾殘局非袁莫屬。孫中山讓位，袁世凱當總統。朱爾典認為中國總統權力大於英美，但中國英雄都有皇帝夢，乃成奸雄。袁世凱有命無運。

7 美國的另類思維

美國往日六大特徵

　　據稱美式教育已由培育情商 "EQ" 改為建立剛毅 "GRIT"，久已未見這個美式俗字，俗語："Americans of The True GRIT" 被譯為 "真正的美國人"。這個回歸本源是否成功，決定美國的將來。

　　筆者上世紀六七十年代認識的美國人，確也如此。在《張總銀行風雲 40 年》中曾記述筆者在當年認識的美國人是充滿清教徒情懷的，特徵是 "艱苦奮鬥，勤儉自律，自立自強，堅忍不拔，量入為出，誠實守法"，是學習的對象，但四十年後，恍如隔世，這批人已從世上消失。這六大特徵中，"堅忍不拔" 就是剛毅吧，"剛毅木訥近仁" 是孔子說的，所以也是東方文化追求的，東西有共通處，但木訥卻是美國文化中遠遠不同處，木者簡潔，訥者少言，但不是不言。孔子也說，答問如撞鐘，敲之以大，則大鳴，敲之以小，則小鳴，不敲則不鳴。但美國人卻是 I am on fire，要盡情表演，Presentation 做到天花龍鳳，經常是 Promise High Deliver Low，此處不可學。

　　剛毅也要有一個度，凡事不可過，東方文化講究 "過剛易折，過慧易夭"。表演到 120 分，就令人憂慮了。美國人就是在上世紀八十年代後 "太得意" 了，一切來得太易，從金融業就可獲暴利，不用投入資本，CEO 收入就由年薪 100 萬美元，到垃圾債券大王年收入 5 億美元，米爾根下獄並未停止此風，人人從華爾街望世界，六大特徵無復於當時，今日只回復剛毅，恐怕也是不足，學美式也要學全套！

反思福山新作

福山新著《政治秩序和政治衰敗》一書還未到手，但書評卻看了不少，福山不是主流派，當然被抨擊得不少，其中最惹火是"強大的政府、法治和民主問責制"的三者順序。

福山把"強而有力的政府"列首位，論者最支持。如德國評論家認為"三者之間更多時候是並列"，美國論者則認為"論美國政府不夠強"是誇大了，但若用福山模式來看亞洲，中、印、日的政府，以中國最強，日本次之，印度最弱。至於四小龍中，則以新加坡最強，韓國、香港次之，台灣最弱。台灣在兩蔣時代，是"威權政府"，一切高壓，兩蔣是一言堂，法治徒具形式，民主則欠奉。美國既要推行民主，半殖民的台灣，當然是首選的試驗場，結果二十年後，民主有了，問責無方，政府由強勢變了超弱勢。阿扁時代如此，小馬哥更如此，行政能力不彰，藍營地區如此，綠營地區更甚。高雄氣管爆炸，台東地溝油，到全台飼料油充豬油，更是大小企業全部報到，法治成為虛文，一切罰則，經過一審二審三審，都可化為烏有。福山模式的"政府、法治、民主"剛剛是倒過來放。

本來，歷史上的中華帝國多是擁有強大的中央政府，又有儒家學説的支撐，兩蔣運用自如，但二人死後，立刻隨風而逝，是前日本殖民的力量，還是美國的半殖民文化的力量呢？這要留待後代歷史學家去求證。美國人人堅持自己是強大的，但台灣隨着美國的步伐而衰落，卻是明白的。至於香港是否要台灣化而衰落，還是如吾友所言，香港仍是福地呢！

美國人的幸福新單方

　　美國人有多少覺得自己幸福呢？看看 1988 年哥倫比亞大學一名 24 歲的博士生的幸福感研究，在對一個 5200 人的調查中，只有 121 名（2.4%）覺得自己幸福，其中 50 名（1%）是成功人士，71 名是普通人。2009 年，這位博士生已變成教授，他找回這 121 人再問他們是否幸福，結果 71 名的普通人除了 2 人死了外，69 名仍覺得自己幸福，而那 50 名成功人士，只有 9 名仍覺得自己幸福，其他 41 名的答案是一般、痛苦和非常痛苦。

　　這位教授推翻自己年輕時的結論"幸福感來自事業的成功"，他說："所有靠物質支持的幸福感，都不能持久，只有心靈的淡定寧靜，所產生的身心愉悅，才是幸福的真正源泉。"這是甚麼新發現呢！只是錢穆所說，西方頭腦和東方頭腦的不同，西方人無處安其心，不知何謂"安之若素"。

　　"尋常禍福機轉"這六個字就包括了一切成敗得失，西方人讀不明白，這是東方人的軟實力。人生一旦得意，就容易失敗，所以兩千年前諸葛亮就提出"淡泊以明志，寧靜以致遠"，"苟全性命於亂世，不求聞達於諸侯"。錢穆早在 1980 年的一場人生演講中，詳盡地解釋，"苟全"不是"苟且"；"性命"是德性人格，在亂世中，不是苟且偷生，保存性命，而是"不顧物質生活，不求名位聞達，只要求全他的德性人格。"凡事"退一步能淡泊，能寧靜"就能保命了，在亂世中，"不謀求得意，不要想出風頭，不要計較物質生活上的條件"，看似容易，但做到的人很少，不是嗎？

美國幸福研究

　　哈佛大學花了 75 年和四代人的努力，在上世紀三十年代，追蹤了 724 個美國人所謂“最偉大的一代”，亦即參與了二次大戰的一代，2015 年有了結果，原來“聲望、財富、高成就”與幸福生活無關，不知道那 400 個控制了美國的家族成員怎麼想？

　　幸福生活是與優良的人際關係最有關，那不是東方文化五千年來的理論，人有五倫嗎？父慈子孝，兄友弟恭，夫婦和睦，尊師重道，朋友有信，才是最基本，哈佛教授若有一丁點東方文化認知，那有利於東方文化的融合呢！

　　據說那 724 名“偉大的一代”，還有 60 多人生存，80 多歲回首前程，還是“老有所依”最管用，一定要老妻信得過，才能幫自己過世，不是“考終命”是甚麼。“顧住收尾兩年”是俗語，但也最現實，美國人 5 個人中就有一個覺得自己孤獨，恐怕酷愛槍支也是因孤獨，可以自衛吧！

　　這個研究發現，50 歲時最滿意自己的人際關係的人，到 80 歲最健康、良好的關係可以保護身體，更可保護頭腦，免了癡呆，高度矛盾的婚姻生活比離婚更差，美國人是忍不住的，這也是東西文化分別之處。美國人可以父子因小事彆扭而終生不再相見，到 50 歲後“有識之士”是托於找尋新關係，以興趣交朋友來取代工作上的夥伴，是第一要務。

　　這個研究的對象，一半是哈佛大學的二年級生，一半是波士頓貧民區的小青年，還有一個當了總統，不過沒有說是誰，但這兩組人誰最長命，誰最幸福，好像還沒有答案，10 年後再看！

幸福榜之不幸

　　2016 年"世界幸福榜"又出爐了，老友説那是"嚴寒榜"，不必在意，是西方標準，亞洲人看了得啖笑。拿來看看，前十大是北歐四國加冰島，三大移民國加澳、紐，再加上瑞士、荷蘭，都是小國；多年來研究機構不肯加上一條氣候溫和作為標準之一，可是大弊病。大國來説：美國 13、俄國 56、中國 83，相差有如此遠嗎？去問問那一億二出國"爆買"的大媽們和千禧一代，他們的答案可是幸福極了。生活選擇無自由嗎？預期壽命很低嗎？上海都 83 了啊！腐敗有問題，西方沒有嗎，那還是機構化呢，看看國際足聯（FIFA）！當然，中國如此大，必然有不幸福的部分，但和充滿失敗感的特朗普支持者對比來看，美國又能幸福到哪裏，被西方制裁的俄國人民居然比中國人幸福 27 位嗎？

　　如此報告，怎能出街，當然東西方文化有所不同，東方的幸福，只求"生太平世，處湖山郡，長官寧靜，妻子賢淑，生子聰慧"就幸福了，家庭關係如何，至為重要，是幸福感的來源；西方幸福調查，不講究家庭支持，而講究社會支持，講究慈善捐款式的慷慨，當然退税只是副作用。西方毛病中"衷心無誠，盡出於偽"。東西方價值觀不同，其實從這類報告也看得出。

　　冬天廿四小時黑夜，極度的嚴寒，也是幸福的來源，家庭支離破碎，但有社會支持一切的好辦。至於人口少，人均 GDP 容易高，經濟掛帥，人權掛帥，但又怕難民來臨，打破了他們的幸福。西方人之矛盾，只是愈看愈明朗，不改變西方價值觀標準，就不能稱"全球"！

東西方選接班人之異

　　曹操英明一世，善用人才，但卻留下心腹之患的司馬懿，成為亡國之因。二千年後，蔣經國亦看不清李登輝，蔣氏王朝就此滅亡，蔣介石連銅像也不保。劉備厲害之處，就是兼收並蓄，平衡兄弟關羽、張飛和智囊諸葛亮、龐統，入蜀後亦能用本土人才，只有馬超比較"屈結"，人才並未流失，這是東方智慧。招人不易，三顧草廬，但留人更不易，"鞠躬盡瘁，死而後已"更難，劉備做到了。

　　東方式管理，劉備應有一席位，西方管理則"一山不能藏二虎"，甚至不能藏三虎。二十世紀論西方 CEO 當以中子彈傑克為第一，執政 20 年，但在選接班人時，卻如所有自命偉大的領導人一樣，看不見比自己好的，結果花了 6 年，入選人由 24 人減至 8 人，最後 3 選 1，都是 GE 的老臣子，但這 6 年如何捱。

　　有人説，當中子彈的手下，都是"特別材料"構成，忍人所不能忍，抑是睇錢份上，這 24 人結果有多少留下來，不知道了，但最後 3 人都是龍虎之士，當 2001 年 GE 宣佈接班人是 43 歲的伊梅爾特之後，股價已由 57.6 美元高峰下跌至 48 美元。2015 年，此公仍在位，但 GE 股價經過 2009 年 1 月的低位 10 美元，2015 年 9 月的 24.5 美元，長期投資者中招。但 54 歲的納德利去了家德寶當 CEO，股價由上任 39 美元升至 1 年後的 52 美元，2007 年退任，收穫離任費 2.1 億美元，家德寶股份 2015 年 9 月是 115 美元；另一位也是 43 歲的麥克納利去了 3M 公司，也是業績一流，命也乎！

不可想像的年代

　　花了兩天看完了美國記者約書亞·拉莫寫的《不可想像的年代》，大概是 2008 年寫的，作者 2002 年就每年花 6 個月住在北京。那個時節，西方人覺得他很 nuts，因為在大部分西方精英們的心目中，中國仍是一個遙遠而無關痛癢的地方，這批西方人只在等待一場 "蘇聯式的崩潰"，中國變得更像美國，這當然沒有發生，作者説最大的收穫是 "認識中國"。

　　二十一世紀的頭 10 年，就是見證了互聯網的出現和中國的崛起，美國精英浪費了二十一世紀的頭 10 年，沒有好好 "識中"，這大概也是受美國影響的亞洲精英們所浪費的。英國的精英們又如何呢？

　　看看 2008 年才開始編製的 "繁榮指數"，這時一個投資基金所支援的、開的八大準則、數十個指數，2008 年，誰最繁榮呢？第 1 是澳洲，德國第 4，新加坡第 5，美國第 6，香港第 8，紐西蘭第 10，日本第 13，加拿大第 17，台灣第 15，中國大陸不知排到哪裏，50 名以外吧！

　　2014 年，經過美國金融危機、歐洲希臘危機、商品大跌價，中國經濟減速，四小龍都受不同程度影響，澳洲跌到第 7，紐西蘭反而升至第 3，新加坡跌到第 18，日本第 19，香港第 20，法國第 21，台灣第 22，美國第 10，德國第 14，加拿大不是衰退了嗎？第 5。中國大陸排第 52，總算有名次了。已經有 1 億人次出國旅遊，20 多萬人出國留學，中國大陸的個人自由排在 120 名，槍擊事件層出不窮的美國安全度排第 33 名，中國大陸排在第 100 名，這就是西方的角度，信乎！

美式輸入產出法

　　《不可想像的年代》的作者拉莫提出"沙丘理論"，誰也不知道是哪一粒沙令沙丘傾倒，二十世紀科學最大的發現據說是"不確定性"，而改變最能帶來"不確定性"。作者認為，美國制度還是優越的，最能將人民的夢轉成真，七年過去了，有變化嗎？美國軟實力在美國人眼中是"星期一晚的美式足球"、"迪士尼世界"、"麥當娜唱片"。沒錯，迪士尼都建到上海來了，但還要"中國化"才保證市場呢？美國速食也要"中國化"了。

　　作者討論中美文化的差異。美國人注意目標，花九成時間去對付目標，中式文化注意背景，留意背景的變化，所以不太注重目標；美國文化喜歡直接對抗，相信"輸入產出法"（Input Output），認為只要輸入"民主和資本主義"，就會產出"繁榮"，結果目標如"薩達姆、拉登"都被除了，有了國會，有了新政府，但繁榮去遠了。

　　作者建議美國人認識《孫子兵法》，"不戰而屈人之兵"，避免直接對抗，利用現有力量，悶聲大發財；但七年過去了，美國人聽了嗎？南海還不是派出戰艦了嗎？中美關係仍是美國式的"爭吵和公開對抗"。美國文化也是一時改不了的，"搬大石砸死蟹"轉化為"四兩撥千斤"，恐怕還要一個世紀。

　　作者認為二十一世紀是一個"不穩定，恐怖但有樂觀的新秩序"的世紀，但也只有中美合作才會發生，拚命輸出價值觀是無用的。歐洲過去五百年的戰爭，是發生在很多價值觀相同的國度，但歌劇、芭蕾舞、哲學的相同，從來未阻止過歐戰，"輸入軍人，產出民主"，發生過嗎？

《大分流》啟示

　　從世界看中國，就要看懂外國人寫中國的歷史書，2000 年出版的《大分流》是其中之一，此書作者美國人 Pomeranz 認為中國和歐洲的大分流在四五百年前，歐洲急劇向上，中國急劇向下，其中原因之一，是英國早在 1215 年就有《大憲章》，節制王權。

　　相對來說，明代朱元璋開始，就王權無限大，因為代表平民階級的宰相一職被廢，胡惟庸是中國歷史上最後一位有相權的宰相，其後都是顧問而已。明初朱元璋和朱棣父子還不算昏君，王權還未被濫用，國力還可以；但明清的兩次海禁，把中國東南沿海變成無人區，雖然有鄭和七次下西洋，發現非洲，但鄭和一死即廢。中國開發東南亞，鄭和有大功，但鄭和一死，非但功勞被廢，所有記錄亦被毀去，到 1467 年片字不留，中國自宮！

　　中國和東南亞貿易在南宋時即大旺。南宋偏安杭州，但卻能發掘新市場。到明朝，絲綢之路上有強敵帖木兒汗國，西方已不通，而東岸又一片木板也不准出口，沿海岸線成了不毛之地，只有海盜，再旺盛也只是地下經濟。到明代中葉，君主無心戀政，變成宦官專權，官僚系統膨脹，又無方向性，政治教育破產，兵制田賦相繼崩潰，最後當然是經濟破產，中國經濟急劇向下移，大概如此。到清朝，全國經濟集中在長江下游太湖流域，而產出由運河運輸到北方。以各省厘金而言，南方各省是北方八倍，到光緒間更是十二倍，但太平天國之亂十五年，南方變成廢墟，經濟當然大降。

熱門經營之道

　　大陸 MBA 課程踏入 2015 年，最熱門的不是研究外資企業如何經營，而是本土企業經營法。大陸老闆們並未受過西方 MBA 管理教育，一樣經營得有聲有色，反而跨國企業在大陸經營踏入樽頸，業績不前，沒有反省自己的管理方式，卻將責任推到大陸經濟放緩，其實 GDP 成長由 8% 降為 7%，1% 之差就管理不了嗎？

　　法國超市在 2015 年第二季在大陸銷售額下降 12%，向總部報告是因為股市下跌，股民不消費了，但上海股市一直漲到 6 月中才由高點下跌，又怎影響了一季的收入呢？事實上，在超市的工作人員說，逛超市近來都是老人家，年輕人都網購了，連蔬菜、水果、肉類都不必去超市，營業額又怎能不下降，法國管理人對市場變化之不察至此。

　　高端奢侈品也有問題，產品其實分成時尚部門和禮品部門，在打擊貪污後，禮品消費幾乎降到零，跨國企業的產品 MIX 如果不是早早調整，踏入 2015 年，當然慘不堪言！但有遠見的跨國管理人，應在 2013 年就有此判斷，相信大陸人打擊貪污是一時現象，當然要承受後果，這與大陸經濟放緩無關。

　　百貨業在歐美，早是夕陽企業，巴黎老佛爺和春天若沒有大陸土豪，早亦奄奄一息。大陸如今是和世界各國大談自貿協作，減低關稅，但本土市場仍有營業稅和增值稅，此兩稅若作調整，大陸居民就不必出國外採購，到時各跨國企業又再受影響，看來即使在外國讀 MBA，也要加強中國管理方法呢！

由跨國企業 10 萬大軍看起

　　研究跨國企業 TNC 或者 MNC 是筆者的本業，100 大 TNC 更是重中之重。回看當年研究，1993 年的 100 大，37 家是歐盟，32 家是美國，21 家是日本，其他 10 家中沒有中國。2003 年，歐盟增至 53 家，主要是德國、法國起來了，美國縮水至 24 家，日本更大縮至 9 家，這是迷失 10 年後的結果，日本之不振亦可見，其他國家 14 家，中國仍無份。

　　2013 年的調查還未出來，和加拿大舒力克商學院這方面的專家討論，他說只看 100 大 TNC 只是微觀，到二十一世紀要宏觀。據他的研究，要看全球 10 萬大 TNC 才是正路。世人似乎未注意 2008 年金融大災難最大變化，不是金融業，SIFIES 仍未改革，但世界貿易的潮流已大變。2008 年，中國大陸的 TNC 在 10 萬大軍中微不足道；但 2013 年，已佔 1.2 萬家，是世界之最，加上香港的 6000 家，共為 1.8 萬家全球貿易的 TNC，美國數字只是 9000 家，只有中國的一半，時移世易，莫此為甚。

　　也是五年光景，中國大陸有沒有 TNC 進入 100 大，已無關大局，日本、台灣亦無足道，反而韓國值得注意，因為如今國力的比較，是人均大學生的數字，世界第一是南韓：南韓父母為了供子女讀大學，傾盡全力，退休後亦打散工來供養子女，其出外留學人數只比中國少，遠勝日本，所以南韓超越日本，理所當然。中國內地人均不高，因人口龐大，但一年 730 萬大學生，已是整個香港的人口，算是恍然大悟！

中美日親子關係

希望香港人看見了，最近一個中美日的親子調查，令人疑惑東西方文化差異能否調和。

這個調查只問三地的中學生是否會"無論如何"都會照顧年老的雙親，2004 年選擇"是"的中學生比率，中國 84%，美國 67.9%，日本 43.1%，吸收中國千年文化的日本，並未接受"孝道"觀念，這是一個值得追查的命題。

《孝經》在日本不流行，《弟子規》大概亦欠缺市場。日本真奇怪，話說日本人只以"天皇為尊"，但幕府卻控制了大局 300 年，這段時間是封國，但儒家學院、王陽明理論仍盛行；美國的基督教文化應亦是尊親的，但數十年城市和郊區居民大移轉，變化大亦不稀奇，但仍遠勝日本這個原是"棄亞入歐"、再"棄歐入美"的國度，真奇怪！

2015 年的親子調查結果面世，結果再出人意料，中學生都會照顧年老的雙親的比率，中國上升至 87.7%，美國下降至 51.9%，仍過半數，但日本大跌至 37.9%。大前研一在他的書中說，日本中年人和老年雙親關係極差，老年人至死都不願寫遺囑把遺產傳給下一代，農夫更是 70 歲仍在耕田，無人接班，但今日的中學生有如此想法，是教育，耳濡目染，還是報應。日本中學生表示願意出錢，但只透過請人照顧年老父母的達 21.3%，美國 19.3%，中國只是6.3%。上海中年朋友們都說，上有老父母，下有子女，壓力大，只得努力工作，中學生亦如此，看來推出儒學，仍有點小效果！

惡棍交易員的年齡考

　　2015 年 8 月，操縱 Libor 利率醜聞案的第一名罪人 Tom Hayes 被判囚 14 年，是自 1995 年神奇小子李臣被判 6.5 年以來，判刑最重一位。若以金額而言，涉及 300 萬億美元的證券，自然大銀行 16 家都跑不了，只能等罰款，估計要賠 460 億美元，2014 年只付了 60 億美元，其餘 400 億在 2015 年開始陸續付款，此可謂世界之最。

　　此案涉及年份由 2007 年至 2011 年，這位 Hayes 今年才 35 歲，事件開始時才 27 歲，李臣案發才 28 歲，另一法國興業銀行案主角 Kerviel 案發時只 29 歲，損失 69 億美元，判了 5 年，還在上訴。再一位瑞銀交易員 Adoboli，現年亦 35 歲，2006 年案發時 26 歲，到被控時亦只 31 歲，判了 7 年。這批交易員全部是 30 左右就手執大盤，隨時發揮，由李臣的 1995 年至今日的 2015 年，已經 20 年了，好像還沒有方法防止 Rouge Trader 的發生，更不知有多少金額較少、未被推上鏡頭的案件。

　　要知道，每次案發，部門主管固然職位不保，連巴克萊的 CEO 鑽石先生，也要引咎辭職，至今好像只有摩根大通的 “倫敦鯨” 交易員，可以獲得不被起訴的待遇，看來 CEO 的牙齒力也有關係。“倫敦鯨” 據稱年入一億美元，當然甚麼都敢搏，只是惡棍交易員究竟可以當多久，若上榜那一批，大概 20 多歲上位，35 歲前東窗事發，判刑 5 至 7 年，這次 14 年最重了。李臣出獄，還可以當足球隊總經理，人生時間還多，不像馬多夫這位猶太老兄，被判 150 年呢！

未來的六大挑戰

　　和美國教授談美國人心目中未來的最大挑戰，有辣有唔辣，老生常談是：

　　（一）氣候變化，但問題已不是地球愈來愈熱，美國冬天的暴風雪已是新常態，中國大城市的霧霾亦是如此，要改善已不是城市管理那麼簡單，而是要人民們自己要正視問題和採取行動。

　　（二）貧富懸殊，那 1% 和 99% 之爭，中美都有，衝突如何控制，也是不久將來的事。

　　（三）失敗的國家只會愈來愈多，由索馬利亞到利比亞，孰令致之，這個問題美國教授不肯回答。

　　（四）跨國犯罪，還是一個新命題，單看歐洲青年跑到中東加入恐怖團體，只是其中一環，但國際間並無改善良策，而跨國犯罪集團，正是到處都有。

　　（五）科技管理，爭奪高科技的制高點是發達國家在本世紀最大的競爭，美其名曰科技管理，實則人人高歌猛進，唯恐發展之不速，科技人才淘汰之急劇，正是人人自危。

　　（六）問題累積，這可是美國前國防部長蓋茨退休後的感慨。在上世紀若有問題出現，慢慢就過去了，但在本世紀，問題是不會過去的，只會累積，所以阿富汗問題，不會過去；伊拉克問題，也不會過去，隨之而來的烏克蘭問題，更不會過去，只會愈演愈烈。美國人希望俄國和歐洲打起來，兩敗俱傷，打不起來也有危機，資金都往美國跑，美元堅不可摧，但跨國公司的海外利潤也就縮水了。玩財技可以救得一時救不得一世，所以六大問題，互相影響，全球都跑不了，問題累積到最後，總得爆發，與黑天鵝無關，哪裏是樂土？

美國真正的聲音

　　聽美國聲音，有來自白宮、國務院、五角大樓、參眾兩院的個別議員、海軍司令官、荷里活電影，若論軟實力，可能荷里活電影界軟實力更有感染力。

　　最近荷里活導演史提芬史匹堡說了幾句還可以聽得入耳的話。一、"如果你不知道歷史，你甚麼都不知道。"二、"英雄和惡棍都不是文學的構想，而是所有歷史的核心。"三、"講歷史不是為了說教，只因歷史充斥最偉大的故事。"這幾句話應該是放諸世界都可以準確。

　　據中國歷史學家呂思勉的說法，注重軍事未免就注重英雄，而忘了事實的真相，中國歷史上，"一將功成萬骨枯"，英雄是屍骨堆砌起來的。讀歐洲1500 至 2000 年的歷史，是一場戰爭史，幾乎沒有和平的年份。法國人喜歡失敗英雄，所以拿破崙至今仍被傳誦。中國的關公、岳飛甚至成為武聖，美國喜歡英雄亦如是。

　　2016 年是美國立國 240 年。據網上所載，91% 的時間在戰爭中，共 223 年，奧巴馬得諾貝爾和平獎，在位 8 年，沒有一個和平的年份。二十一世紀年年在打，二十世紀只有 1935 至 1940 年，日本偷襲珍珠港之前幾年，但仍在備戰，武裝德國，挑戰日本，這是大蕭條後的孤立主義，此外就是 1976 至 1978 這 3 年而已。

　　上世紀美國英雄大概是尼克遜大讚的麥克阿瑟，但在書中看，也不外是一個 "驕傲" 的人物而已。戰後當了日本太上皇，"將在外白宮有所不受"，保留日本天皇制，令到 70 年後德國和日本的行為大有分別，歷史應評其為 "英雄" 還是 "惡棍" 呢？恐怕還要再等 20 年吧！

結 語

本書嘗試從歷史中找尋人生的路向，取經的對象包括現代歷史學家如呂思勉、陳寅恪、錢穆、陳垣，哲學家如牟宗三；近現代人物如梁啟超、林語堂等。歷代故事較多為皇帝，如明永樂、萬曆、崇禎諸帝，甚至包括美國的"另類意見"。所謂"另類"，是"非主流"但有見地。

寫好此書後，我的最大感觸是想起王安石的詩句"糟粕所傳非粹美，丹青難寫是精神。"歷史所載未必是真，即使是真，也有底下不為人所知的因素。所以要憑自己的"明辨"，去了解他們的精神氣質。歷史多寫皇帝和公侯將相，最可憐的是皇帝，不是短命，就是沒有家庭生活，從來不會教育子女，連見面都極少，遑論培養父子親情了。所以今人是幸福的，連美國人都開始覺悟，聲望、財富和高成就，不是幸福的源泉，只有心靈的淡定寧靜才是。諸葛亮早在一千多年前就誡子"淡泊以明志，寧靜以致遠"。美國人和日本人不約而同地提出要求學子們要"剛毅"，單憑主義不能解決一切問題。我們孔子早就說："剛毅木訥近仁"，仁是最高水準，剛毅木訥就不錯了。筆者以此教子，人生在世，不要白白走一遭。王安石祭歐陽修的文中說："公生有聞於當時，死有傳於後世，苟能此足矣！……世之學者，無問識與不識，而讀其文，則其人可知。"王安石死時門前冷落，但後世沒有忘了他。雖然兩黨相爭，批王安石的文章不少，但黃庭堅評王安石"真視富貴如浮雲，不溺於財利酒色，一世之偉也"，不算過譽。王安石和司馬光都是偉大的人物，生於同時代而政治上敵對，這是宋朝的不幸，亦是人生。筆者年紀愈大，愈相信"命運"，更明白"命"

和"運"是兩回事。王安石和司馬光都有當宰相的"命",但是"運氣"不一樣,運程的推進更不同。王安石失敗了,司馬光亦未成功;二者死時的榮枯大大不同,最後的評價,亦各有千秋。王安石是文學家,司馬光是史學家,但都挽救不了北宋的敗落。中國二千多年來都是士大夫治國,但讀書人未必有行政能力,所以清談誤國的事太多了。康有為、梁啟超是最大的空想家,康有為更是一錯到底。梁啟超不斷改變觀點,最後亦只能當一名教授。所以儒家的"修身、齊家、治國、平天下",只有"修身"最有材料,齊家從無成功,"治國"、"平天下"卻沒有留下執行的方法。

中國百年前向西方取經,雖然教育制度照搬,但卻未學到管理理論,大概西方當時亦未能發展成功。當然西方亦沒有教如何當總統,否則何以每況愈下?拿了諾貝爾和平獎的總統,何以終其職八年,美國都在戰爭中?中國的帝師們大概都有教皇帝"和為貴",一個"仁"字,一個"和"字,足足可以教西方人一個學期。

錢穆先生成立新亞書院之際,對學生說的最多的一句話是:"莫忘自己是一個中國人。"不管拿到哪裏的護照,也換不掉自己的皮膚。中國人的人生,也因中國文化而與外國人有異。人生而為子,長大為夫、為父、為祖輩,每一過程都有其運程。外國人因小事而父子終身不想見的例子不少,中國人講究天倫之樂。要有此樂,就要努力數十年。筆者給兒子的一封信就指出:為夫、為師、為友的過程是必然,維持嚴父、慈母的模式,只會令自己痛苦。編寫此書,自己覺得自豪的是,自創了幾個模式:"真樂有三"、"人生五老"、"人生六隨"、"教子三心"。最成功的是兒子最後同意"中文是不可或缺的能力之一"。"人生五老"中最重要的是老伴,不到老不知道老伴的可貴。近人中的例子,如陳寅恪、錢穆、錢鍾書這三位大師,若沒有四五十年相伴的老伴,很多大作或許不會流傳,其中故事的感人，大家有機會，不如找來看看。這就是大師的幸福，平安喜樂，人生如此而矣。

張建雄

2016 年 6 月 10 日